死ぬまでに行きたい！世界の絶景
ホテル編

詩 歩
Shiho

sansaibooks

目次

- 004 はじめに
- 006 本書の使い方

- 008 絶景01 セント レジス ボラボラ リゾート　フランス領ポリネシアボラボラ島
- 011 わたしが行った世界の絶景　イタリア・ランペドゥーザ島
- 012 絶景02 ラヤバディ　タイ
- 013 絶景03 デドン アイランド　フィリピン
- 016 絶景04 アンサナ イフル　モルディブ
- 017 絶景05 メナ ハウス ホテル　エジプト
- 020 絶景06 アンドビヨンド ソススフレイ デザート ロッジ　ナミビア
- 021 絶景07 アンドロニス ラグジュアリー スイーツ　ギリシャ
- 024 絶景08 ロイサバ ウィルダネス　ケニア

- 026 死ぬまでに行きたい！世界の絶景ホテルMAP

- 028 絶景09 ジラフ マナー　ケニア
- 032 絶景10 アナンタラ ゴールデン トライアングル リゾート＆スパ　タイ
- 033 絶景11 アン ラム ニン ヴァン ベイ ヴィラズ　ベトナム
- 036 絶景12 ソネバ キリ　タイ
- 037 絶景13 デインツリー エコロッジ＆スパ　オーストラリア
- 040 絶景14 カスバ タマドット　モロッコ
- 041 絶景15 フォーシーズンズ ホテル フィレンツェ　イタリア
- 044 絶景16 アシュタルテ スイーツ　ギリシャ
- 047 わたしが行った絶景ホテル① ルーカス ホテル（ギリシャ／サントリーニ島）
- 048 絶景17 ベルモンド ホテル ダス カタラタス　ブラジル
- 049 絶景18 アシュフォード キャッスル　アイルランド
- 052 絶景19 W リトリート コー サムイ　タイ
- 053 絶景20 マリーナ ベイ サンズ　シンガポール
- 056 絶景21 タージ レイク パレス　インド
- 059 わたしが行った絶景ホテル② ヘリタンス カンダラマ（スリランカ）
- 060 絶景22 インディアン パシフィック　オーストラリア
- 061 絶景23 青蔵鉄道　中華人民共和国／チベット
- 064 絶景24 ミュージアム ホテル　トルコ
- 065 絶景25 アルト アタカマ デザート ロッジ＆スパ　チリ
- 068 絶景26 アナンタラ カスール アル サラブ デザート リゾート　アラブ首長国連邦

- 070 絶景ホテル　ベストシーズンカレンダー

- 072 絶景27 クレーター レイク ロッジ　アメリカ
- 076 絶景28 ツリーホテル　スウェーデン
- 077 絶景29 チューゲン グランド ホテル　スイス

080	詩歩の絶景TRIP　軽井沢編	154	さくいん
		156	おわりに

- 084　絶景30　ホテル ドゥ グレース　カナダ
- 085　絶景31　フッティルーテン・フラム号の南極クルーズ　南極
- 088　絶景32　ホテル ランガ　アイスランド
- 091　わたしが行った絶景ホテル③　ルナ サラダ（ボリビア／ウユニ塩湖）
- 092　絶景33　エルキ ドモス　チリ
- 093　絶景34　オステリア ペオエ　チリ
- 096　絶景35　ベルクガストハウス エッシャー　スイス
- 097　絶景36　ワンダーレイク キャンプグラウンド　アメリカ
- 100　絶景37　ジェイド スクリーン タワー ホテル
  　　　　　　（黄山玉屏楼賓館）　中華人民共和国

- 102　タイプ別　絶景ホテルランキング

- 104　絶景38　インターコンチネンタル香港　中華人民共和国
- 108　絶景39　サンクルーズ リゾート アンド ヨット　韓国
- 109　絶景40　グランド ハイアット 上海　中華人民共和国
- 112　絶景41　シャングリ・ラ ホテル パリ　フランス
- 113　絶景42　レ シレヌーゼ　イタリア
- 116　絶景43　イター アンダーシー レストラン　モルディブ
- 119　わたしが行った絶景ホテル④　バガン ホテル リバービュー（ミャンマー）
- 120　絶景44　ザ サグアロ パーム スプリングス　アメリカ
- 121　絶景45　セント レジス プリンスヴィル リゾート　アメリカ
- 124　絶景46　ヴァイスロイ・バリ　インドネシア
- 125　絶景47　星のや軽井沢　長野県
- 128　絶景48　プレンディパルテの塔　イタリア
- 129　絶景49　ダウンタウン　メキシコ
- 132　絶景50　ザ カンブリアン　スイス
- 135　わたしが行った絶景ホテル⑤　百楽荘（石川県）
- 136　絶景51　ザ・ウィンザーホテル洞爺リゾート＆スパ　北海道
- 137　絶景52　杉乃井ホテル　大分県
- 140　絶景53　ザ プリンス さくらタワー東京　東京都
- 141　絶景54　日本平ホテル　静岡県
- 144　絶景55　バーンズリー ハウス　イギリス
- 145　絶景56　ミルブルック リゾート　ニュージーランド
- 148　絶景57　フェアモント トランブラン　カナダ
- 152　絶景58　赤倉観光ホテル　新潟県

はじめに

わたしが「死ぬまでに行きたい！」と感じた絶景を紹介するFacebookページ、『死ぬまでに行きたい！世界の絶景』(https://www.facebook.com/sekainozekkei)から生まれた書籍版のシリーズは、2013年に『世界編』、2014年に『日本編』を出版してきました。3冊目の今回は『ホテル編』です。

この絶景シリーズのコンセプトは「妄想旅行をしよう！」です。いつも忙しい毎日を過ごしているみなさんに、就寝前にベッドで寝転がりながら読んでもらって、そのまま夢の中で絶景に行ってもらいたい。そういう想いで本をつくっています。

今回はどんな妄想旅行に出かけてもらおう？　テーマ探しがはじまりました。

わたしが選ぶ"絶景"の条件のひとつは「ストーリーがある」こと。ここでいう「ストーリー」とは、その景色が「絶景」たる理由があるということです。例えばユニークな歴史的背景がある場所だったり、自然の摂理によってできた地形だったり、偶然の条件が重なってできた風景だったり。

『世界編』『日本編』では、まさに「ストーリーがある」自然の絶景を多くご紹介してきました。本が出てから実際に自分で行ってみると、妄想よりもはるかにスケールの大きい絶景に出会うことができ、五感で味わえるすごさに改めて気づかされました。だからやっぱり読者のみなさまにも、妄想だけでなく実際に足を運んでほしい。そう強く思いました。

ただ、自然の絶景の場合、気軽に見られない場所もたくさんあります。例えば早朝に山の上に登らないと見られなかったり、家族連れでは行きづらい場所だったり。だからあきらめてしまったという方の声も多く聞きました。

わたしは「絶景は生き物だ」と思っています。人間と同じように絶景にもコンディションがあり、ベストな絶景に出会うには、タイミングがとても大切なのです。でもいままでの本で掲載した絶景は、いつでも見られるものもありますが、条件が揃わないと見られない、難易度の高い風景も数多くありました。

そこで、3冊目では、これまでよりも訪れやすい場所を紹介しようと決めました。では、そんなふうに誰もが楽しめる絶景はどこだろう？　そう考えたとき、思いついたのが「ホテル」でした。

もともとわたしは「ホテルは寝るための場所」としか認識していませんでした。しかし「絶景×ホテル」という切り口で探してみると、おもしろいストーリーを持ったホテルがこんなにもたくさんあるということに気づいたのです。

自然環境を活かした設計の、絶景を丸ごと体感できるようなホテルや、野生動物などふだんは見られないものに出会えるホテル、歴史ある建物を改築してつくられた、往事の面影を感じさせるホテル……etc.こうしたユニークなホテルをもっと知ってほしい！　第3弾のテーマが「絶景ホテル」に決まりました。宿泊地であれば交通手段もあるし、女性同士やご家族で行くこともできます。

テーマが決まってからというもの、わたしは実際に絶景ホテルに泊まるようになりました。そしてその魅力から抜け出せなくなってしまいました……。
おっと、その感想は、本書のコラムとして掲載しているので、ご覧いただけたらうれしいです。

この本を読んで、ひとりでも多くの人が素敵な絶景に出会えますように。

詩歩

最後に、この本を製作するにあたり素敵な写真を提供くださった宿泊施設のみなさま、写真家のみなさま、リアルな感想をお寄せくださったファンのみなさま、またFacebookページでいつもいいね！やシェアのご支援をいただいているみなさま、本当にありがとうございます。また、いつもわたし以上の情熱と愛情を注いで取り組んでくださる出版チームのみなさんには重ねて御礼申し上げます。ありがとうございました。

Photo by Shiho

本書の使い方

本書はFacebookページ「死ぬまでに行きたい！世界の絶景」から誕生した写真集です。Facebookページとは、ソーシャルネットワーキングサービス「Facebook」上でユーザー同志が交流できるよう、誰でも無料で作成できるページのことを言います。「いいね！」を押してそのページのファンになれば、更新情報を自分のタイムラインで読めるようになります。

「死ぬまでに行きたい！世界の絶景」は、本書の著者である詩歩が「死ぬまでに行きたい！」と思う国内外の絶景をご紹介しており、2012年4月の開設以降、世界中から70万人のファンを集めています。

2013年以降書籍化され、一冊目『死ぬまでに行きたい！世界の絶景』と二冊目『死ぬまでに行きたい！世界の絶景 日本編』はともに多くの方に読んでいただき、ベストセラーとなりました。

三作目となる今回のテーマは「泊まれる絶景」。過去Facebookページで多くの「いいね！」を集めたホテルに加え、Facebookページではまだ紹介していないストーリーのあるホテルを新たに選抜し、合計58か所のホテルをご紹介しています。みなさまの旅行プランに組み込みやすいよう、五大陸すべてからバランスよくセレクトしています。

ご好評いただいている旅行情報も収録しており、訪れやすい季節、予算の目安、予約方法などもご覧になれますので、写真集としてだけでなく、ガイドブックとしてもご活用いただけます。なお予約につきましては、公式サイトの表示が英語のみなどの場合、不安な方は旅行代理店などへ相談し、このホテルが組み込まれているツアーを探したり、代理で手配してもらうようにしましょう。

写真と旅行情報を眺めながら実際に旅の準備を始めるもよし、頭の中で旅の妄想を膨らませるもよし。絶景を思いっきり楽しんでください！

❶絶景の大まかな位置を把握するための地図。
❷当該のホテルやレストランなどの住所と電話番号、HPのほか、現地に直接行くためのアクセス方法を紹介。
❸「おすすめ！」は、Facebookページ「死ぬまでに行きたい！世界の絶景」への投稿ほか、現地に行った方々の体験談。「行きたい！」は、著者の詩歩からのコメント。
❹絶景ホテルやレストランとその周辺をめぐる、旅のプランの一例。
❺絶景ホテルやレストランを訪れるおすすめの季節（掲載する写真以外の季節を含んでいる場合もあります）。
❻「たとえばこんな旅」のプランで旅した場合の交通費と宿泊料金の合計額の目安。飲食費や観光する場合に発生する交通費などは、個人差があるので含まれていません（あくまで一例です）。時期や部屋、交通手段などによって、異なる場合もあります）。また、主な予約方法についてもご案内しています。
❼「旅のポイント」は、ホテルが提供するアクティビティやサービス、グルメなど、おすすめ度の高いものを紹介。また、持っていくと便利なものや注意点なども紹介しています。
❽近くの観光スポットやグルメ、参加したら楽しいホテルのアクティビティなどを紹介。
❾知っておくと「旅の楽しみがちょっとだけ増える」おまけ情報。

※本書のデータは、基本的に2014年11月〜2015年3月のものです。諸事情により変更になっている場合があります。実際に旅行する際は、最新情報を現地にご確認ください。
※宿泊料金は特別な記載がなければ、1室あたりの最低価格の目安を表示しています。時期やレートにより変動もございますのでご了承ください。
※本書の所要時間・費用・アクセスは目安です。状況に応じて変わる場合があります。交通費などは、基本的に大人1名の料金を表示しています。
※掲載情報による損失などの責任は負いかねますので、あらかじめご了承ください。

Facebookページ
「死ぬまでに行きたい！世界の絶景」
https://www.facebook.com/sekainozekkei

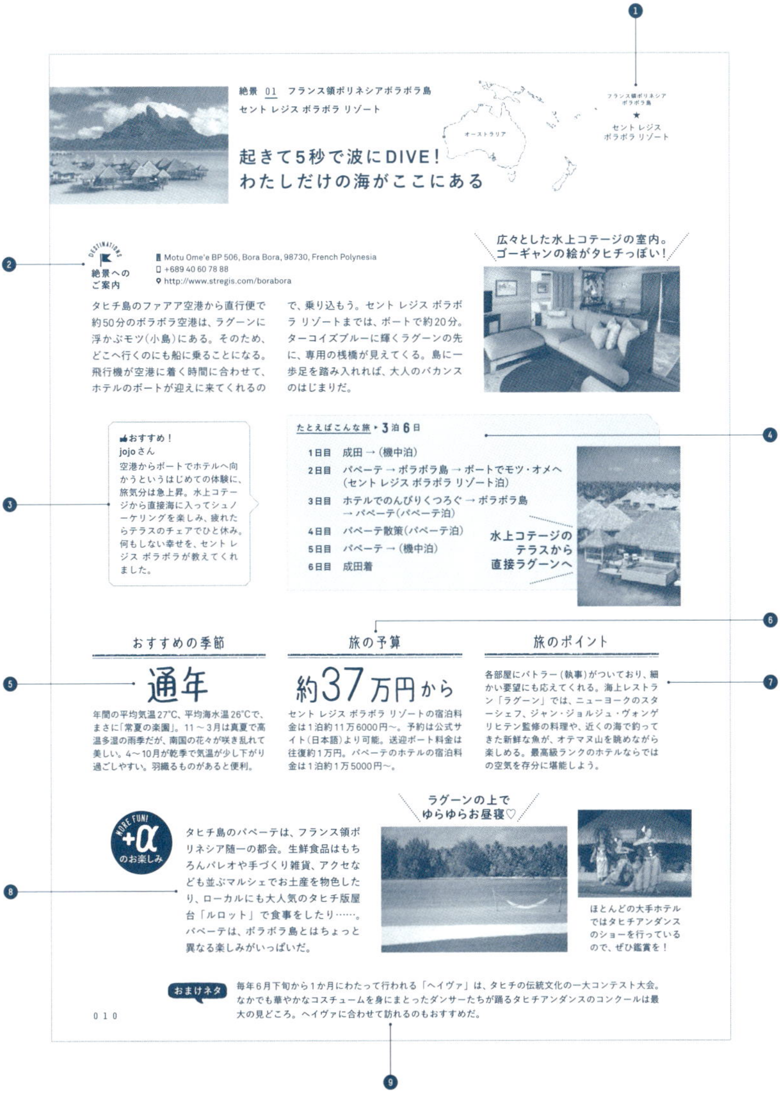

絶景 01　フランス領ポリネシア ボラボラ島
セントレジス ボラボラ リゾート

起きて5秒で波にDIVE！
わたしだけの海がここにある

絶景への ご案内

- Motu Ome'e BP 506, Bora Bora, 98730, French Polynesia
- +689 40 60 78 88
- http://www.stregis.com/borabora

タヒチ島のファアア空港から直行便で約50分のボラボラ空港は、ラグーンに浮かぶモツ（小島）にある。そのため、どこへ行くにも船に乗ることになる。飛行機が空港に着く時間に合わせて、ホテルのボートが迎えに来てくれるので、乗り込もう。セント レジス ボラボラ リゾートまでは、ボートで約20分。ターコイズブルーに輝くラグーンの先に、専用の桟橋が見えてくる。島に一歩足を踏み入れれば、大人のバカンスのはじまりだ。

広々とした水上コテージの室内。
ゴーギャンの絵がタヒチっぽい！

おすすめ！ jojoさん
空港からボートでホテルへ向かうというはじめての体験に、旅気分は急上昇。水上コテージから直接海に入ってシュノーケリングを楽しみ、疲れたらテラスのチェアでひと休み。何もしない幸せを、セントレジス ボラボラが教えてくれました。

たとえばこんな旅 ▶ 3泊6日

- 1日目　成田 → （機中泊）
- 2日目　パペーテ → ボラボラ島 → ボートでモツ・オメヘ（セント レジス ボラボラ リゾート泊）
- 3日目　ホテルでのんびりくつろぐ → ボラボラ島 → パペーテ（パペーテ泊）
- 4日目　パペーテ散策（パペーテ泊）
- 5日目　パペーテ → （機中泊）
- 6日目　成田着

水上コテージの テラスから 直接ラグーンへ

おすすめの季節
通年
年間の平均気温27℃、平均海水温26℃で、まさに「常夏の楽園」。11〜3月は真夏で高温多湿の雨期に。南国の花々が咲き乱れて美しい。4〜10月が乾季で気温が少し下がり過ごしやすい。羽織るものがあると便利。

旅の予算
約37万円 から
セント レジス ボラボラ リゾートの宿泊料金は1泊約11万6000円。予約は公式サイト（日本語）より可能。送迎ボート料金は往復約1万円。パペーテのホテルの宿泊料金は1泊約1万5000円〜。

旅のポイント
各部屋にバトラー（執事）がついており、細かい要望にも応えてくれる。海上レストラン「ラグーン」では、ニューヨークのスターシェフ、ジャン・ジョルジュ・ヴォンゲリヒテン監修の料理や、近くの海で釣ってきた新鮮な魚が、オテマヌ山を眺めながら楽しめる。最高級ランクのホテルならではの空気を存分に堪能しよう。

+α のお楽しみ

タヒチ島のパペーテは、フランス領ポリネシア随一の都会。生鮮食品はもちろんパレオや手づくり雑貨、アクセなども並ぶマルシェでお土産を物色したり、ローカルにも大人気のタヒチ版屋台「ルロット」で食事をしたり……。パペーテは、ボラボラ島とはちょっと異なる楽しみがいっぱいだ。

ラグーンの上で ゆらゆらお昼寝♡

ほとんどの大手ホテルではタヒチアンダンスのショーを行っているので、ぜひ鑑賞を！

おまけネタ　毎年6月下旬から1か月にわたって行われる「ヘイヴァ」は、タヒチの伝統文化の一大コンテスト大会。なかでも華やかなコスチュームを身にまとったダンサーたちが踊るタヒチアンダンスのコンクールは最大の見どころ。ヘイヴァに合わせて訪れるのもおすすめだ。

⚠ 旅の安全について

2015年3月時点で、外務省の「海外安全ホームページ」にて危険情報が発出されている地域については、「旅のポイント」で注意を促しています。ただ、日々状況は変動しますので、渡航をお考えの際は、海外安全ホームページの最新情報を確認されることをおすすめします。また、危険情報が出ていない地域でも、テロや犯罪行為が起こる可能性もありますので、現地の情報収集につとめ、慎重に行動しましょう。

海外安全ホームページ　http://www.anzen.mofa.go.jp/

絶景 01　セント レジス ボラボラ リゾート　フランス領ポリネシアボラボラ島

南太平洋、タヒチ島北西のボラボラ島にあるリゾートホテル。「太平洋の真珠」と称されるほど美しい、透き通った青色の海と神秘的なオテマヌ山が織りなす景観に、水上ヴィラが並ぶ。きめ細やかなサービスを誇り、過去にはニコール・キッドマンなどハリウッドスターも数多く滞在している。

絶景 01　フランス領ポリネシアボラボラ島
セント レジス ボラボラ リゾート

起きて5秒で波にDIVE！
わたしだけの海がここにある

絶景への
ご案内

📖 Motu Ome'e BP 506, Bora Bora, 98370, French Polynesia
📞 +689 40 60 78 88
🌐 http://www.stregis.com/borabora

広々とした水上コテージの室内。
ゴーギャンの絵がタヒチっぽい！

タヒチ島のファアア空港から直行便で約50分のボラボラ空港は、ラグーンに浮かぶモツ（小島）にある。そのため、どこへ行くのにも船に乗ることになる。飛行機が空港に着く時間に合わせて、ホテルのボートが迎えに来てくれるので、乗り込もう。セント レジス ボラボラ リゾートまでは、ボートで約20分。ターコイズブルーに輝くラグーンの先に、専用の桟橋が見えてくる。島に一歩足を踏み入れれば、大人のバカンスのはじまりだ。

💬 おすすめ！
jojoさん

空港からボートでホテルへ向かうというはじめての体験に、旅気分は急上昇。水上コテージから直接海に入ってシュノーケリングを楽しみ、疲れたらテラスのチェアでひと休み。何もしない幸せを、セント レジス ボラボラが教えてくれました。

たとえばこんな旅 ▶ 3泊6日

1日目	成田 →（機中泊）
2日目	パペーテ → ボラボラ島 → ボートでモツ・オメへ（セント レジス ボラボラ リゾート泊）
3日目	ホテルでのんびりくつろぐ → ボラボラ島 → パペーテ（パペーテ泊）
4日目	パペーテ散策（パペーテ泊）
5日目	パペーテ →（機中泊）
6日目	成田着

水上コテージの
テラスから
直接ラグーンへ

おすすめの季節

通年

年間の平均気温27℃、平均海水温26℃で、まさに「常夏の楽園」。11～3月は真夏で高温多湿の雨季だが、南国の花々が咲き乱れて美しい。4～10月が乾季で気温が少し下がり過ごしやすい。羽織るものがあると便利。

旅の予算

約37万円から

セント レジス ボラボラ リゾートの宿泊料金は1泊約11万6000円～。予約は公式サイト（日本語）より可能。送迎ボート料金は往復約1万円。パペーテのホテルの宿泊料金は1泊約1万5000円～。

旅のポイント

各部屋にバトラー（執事）がついており、細かい要望にも応えてくれる。海上レストラン「ラグーン」では、ニューヨークのスターシェフ、ジャン・ジョルジュ・ヴォンゲリヒテン監修の料理や、近くの海で釣ってきた新鮮な魚が、オテマヌ山を眺めながら楽しめる。最高級ランクのホテルならではの空気を存分に堪能しよう。

ラグーンの上で
ゆらゆらお昼寝♡

ほとんどの大手ホテルではタヒチアンダンスのショーを行っているので、ぜひ鑑賞を！

+α
のお楽しみ

タヒチ島のパペーテは、フランス領ポリネシア随一の都会。生鮮食品はもちろんパレオや手づくり雑貨、アクセなども並ぶマルシェでお土産を物色したり、ローカルにも大人気のタヒチ版屋台「ルロット」で食事をしたり……。パペーテは、ボラボラ島とはちょっと異なる楽しみがいっぱいだ。

 毎年6月下旬から1か月にわたって行われる「ヘイヴァ」は、タヒチの伝統文化の一大コンテスト大会。なかでも華やかなコスチュームを身にまとったダンサーたちが踊るタヒチアンダンスのコンクールは最大の見どころ。ヘイヴァに合わせて訪れるのもおすすめだ。

わたしが行った世界の絶景

イタリア・ランペドゥーザ島

text：詩歩

まるで空中に浮いているかのように、透き通った青色の海に浮かぶ船。目を疑ってしまうようなこの写真を、Facebookページ「死ぬまでに行きたい！世界の絶景」に載せたところ、27万人から「いいね！」が集まりました。
この奇跡の写真が撮影されたのが、地中海に浮かぶランペドゥーザ島。Facebook人気No.1のこの絶景に、実際に行ってきました。

まずは下調べから。しかし、どこで調べても島の情報が出てきません。結局、事前情報がまったくないまま現地へ。イタリア語が交わされる機内で不安を感じながらも、ランペドゥーザ空港に到着しました。

今回のミッション、それは「空中に浮いて見える船」を実際に見ること！　まずは島の人にヒアリングをします。すると、「ラビット島の対岸に行けば見える」という答えが。期待を胸に、早速行ってみましたが……。
「と、遠っ！」
海上に船はあったものの、距離がありすぎてそもそもよく見えません。
ガッカリしながらも気をとり直し、次に教えてもらったのが、先ほど遠くに見えた船の停泊地近くの崖の上。「本当に見えるのかな？」と荒れた大地を20分ほど歩くと……。

う、浮いてるー！！！

視界が開けた瞬間、思わず叫んでしまいました。何艘もの船が、それが当たり前であるかのように、平然と浮かんでいました。白砂の海底に、透明すぎる海水、そして真上から照りつける強い日差し……etc.数多くの条件が重なって出会える奇跡の光景に、写真を撮るのも忘れて、ただただ見入ってしまいました。

浮いている船を眺めることができたら、その次はあの風景の中に入りたい！
早速ボートを借りて港へ。しかし強風で出港できません。滞在期間が短いだけに、不安がよぎります。

詩歩×JTBワールドバケーションズによる「ルックJTB絶景プロジェクト」で、ランペドゥーザ島の絶景に行くツアーをプロデュースしました！　詩歩が案内するランペドゥーザ島の動画もあるのでぜひCHECK☆
http://www.jtb.co.jp/lookjtb/tour/zekkei/

じっと待機して翌日、ようやく出港。島を回りますが、なかなか思い通りの光景に出会えません。とうとうその日は最後まで期待していたものは見られませんでした。
ついに最終日。ひとまず出港できた船は、あの浮いている写真が撮影されたと思われるカラ・プルチーノ湾に向かいます。弱い風、照りつける太陽。条件はバッチリです。湾に入りボートのエンジンを止めてみると……。

う、浮いてるー！！！

隣の船が、目の前で宙に浮かんでいました。近くで見ても、わたしの目は透明すぎる水面を捉えることができず、ただただ静かにたたずんでいました。わたしが乗っている船も、同じようにぷーかぷか。まるで空の雲の上にごろんと寝転がっているかのような、ふわふわした気分でした。
ミッションを達成できたわたしは、その幸せな気分のまま、家路につきました。

「絶景に出会うまでの道のりの長さは、出会えた時の感動の大きさに比例する」——これは、今回、ランペドゥーザ島の絶景を追い求めて、一番感じたことです。日本から数十時間、そして気象条件が揃うまで数日。簡単には見られなかったからこそ、その光景を目にした瞬間の感動は大きいものがありました。

まるで天国のような気分を味わえたランペドゥーザ島。個人旅行ではたどり着くのが大変なこの絶景を、みなさんにも見ていただきたい。そこで、JTBワールドバケーションズと共同で、ランペドゥーザ島のツアーを開発しました。
ぜひ「いつか」ではなく、「いますぐ」行ってみて！

絶景写真から絶景ツアーを検索できるサイト「死ぬまでに行きたい！世界の絶景100 SELECTION」がOPEN！ぜひご覧ください。
http://sekai-zekkei.com/
※Webサイトは公開期限が過ぎている場合がございます。ご承ください。

絶景 02 　　ラヤバディ　　タイ

タイ南部・クラビの海洋国立公園の端にあるホテル。3方を崖に囲まれているため、海上からしかアクセスできない。プラナンビーチ沿いにある洞窟の中につくられたレストラン「ザ・グロット」では、古代の鍾乳石に包まれながら、夕日の沈むビーチを眺めて食事をすることができる。

絶景 03　　**デドン アイランド**　　フィリピン

フィリピン南部のシアルガオ島にある、アウトドア家具ブランドDEDONがプロデュースしたホテル。施設内のいたるところに耐久性に優れた繊維でつくられたオリジナルの家具が使用されている。中でもヤシの木に吊るされた、雫型のハンギングチェア「ネストレストラウンジャー」が人気。

絶景 02　タイ
ラヤバディ

船でしかたどり着けない！
秘境レストランでお食事を

絶景への
ご案内

📍 214 Moo 2, Tambon Ao-Nang, Amphoe Muang Krabi 81000, Thailand
📞 + 66 7562 0740 3
🌐 http://www.rayavadee.com/index_jp.html（公式サイト）
　http://www.LHW.com/rayavadee（リーディングホテルズ）

バンコクから国内線に乗り換えて、一路クラビ国際空港へ。飛行機を降りて車に乗り換え、約25分でクラビ埠頭に到着。リゾートの専用クルーザーで、エメラルドグリーンの海を眺めながら約15分、切り立った崖の下に、隠れ家のようなリゾートが見えてくる。敷地内はヤシが生い茂り、トロピカル感がただよう。ゲストルームは、プラナン、ライレイ、ナンマオの3つのビーチ沿いに点在。室内はラグジュアリーで品のよいインテリア。

スパパビリオンの
リビングルーム

おすすめ！
ゆっちーさん

迷子にならないように、案内板がところどころにあるほど敷地は広大です。リゾート内にはゲスト以外は入れませんが、お構いなしに猿は出没して秘境感満点（笑）。海の美しさは文句なしでした。

たとえばこんな旅 ▶ **2泊5日**

1日目	羽田 →（機中泊）
2日目	午前　バンコク → クラビ → ラヤバディへ
	午後　自由行動・シュノーケリングを楽しむ（ラヤバディ泊）
3日目	自由行動・タレーン自然保護区とホン島めぐり（ラヤバディ泊）
4日目	クラビ → バンコク →（機中泊）
5日目	羽田着

ビーチフロントの
タイレストラン
「クルアプラナン」

おすすめの季節

11月から3月

4〜5月は1年で一番暑い暑季、6〜10月が雨季となっている。マリンスポーツを楽しむのなら11〜3月の乾季と暑季がおすすめ。雨季はスコールがあるが一日中雨が降り続くことはない。

旅の予算

約16万円から

ラヤバディの宿泊料金は1泊約4万3000円〜。予約は公式サイト（日本語）やリーディングホテルズのサイト（日本語）のほか、日本のセールスオフィスでも可能。

旅のポイント

クラビの魅力は手つかずの自然。沖合には130以上の島があり、それらを巡るアイランドホッピングもおすすめ。レオナルド・ディカプリオ主演映画『ザ・ビーチ』で一躍名を馳せたピピ島にも約35分で行ける。またクラビのクローン・トーム地区の森の中には、天然温泉やエメラルドグリーンの淡水の天然プールも。

+α
のお楽しみ

マリンスポーツのほか、熱帯雨林の中を流れるパンガー川でのラフティングや、象の背中に乗って熱帯雨林の散策ができる。また、ホテル内では代表的なタイ料理を学べたり、伝統的なフルーツカービング、ジャスミンを使った花輪づくりなど、タイの文化に親しむことができる教室も開催されている。

マングローブ
の森で
カヌー下り！

ジャングルで
遭遇できる
かも!?

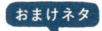
おまけネタ

アオナーン沖に位置するタップ島、モー島、ガイ島では、干潮時に白い砂浜の道（サンドバー）が現れ、それぞれの島の間の道を歩いて渡ることができる。青い海に道が浮かび上がる様子は幻想的。ガイ島は、ニワトリの頭のような形の岩があることから「チキン島」と呼ばれることもある。

絶景 03　フィリピン
デドン アイランド

新型のハンモック？
新感覚のゆらゆらを体験！

フィリピン
デドン
アイランド

絶景への
ご案内

- Surigao del Norte, 8419, Mindanao, Philippines
- +63 917 701 7820
- http://www.dedonisland.com/en/

成田から直行便でセブ島まで移動し、国内線に乗り換えてシアルガオ島へ向かう。シアルガオのサヤック空港到着後は、空港とホテル間を結ぶシャトルカーに乗り、30分ほどで目的地に着く。緑豊かな広い敷地の中、宿泊施設は2階建てのデラックス・ヴィラ、ワンベッドルームのスーペリア・ヴィラと、2ベッドルームを擁するスーペリア・ファミリー・ヴィラのわずか9棟。リラックスムードあふれるリゾートで、喧騒から逃れ、リラックスするのに最高の環境。

海上のパゴダ風の建物では、希望すれば食事もできる。

ハンギングチェアが
ホテルのロゴに！

DEDON ISLAND

🔖 行きたい！
詩歩
DEDONオリジナルの家具はオンラインでも見ることができます。この高級家具が使い放題なら……この宿泊料金も手頃かも!?
http://www.dedon.de/en/

たとえばこんな旅 ▶ 3泊5日

1日目	成田 → セブ島（セブ島泊）	
2日目	セブ島 → シアルガオ → 車でデドンアイランドへ。午後は自由行動・ヨット・セーリングに挑戦（デドンアイランド泊）	
3日目	自由行動・マリンスポーツを楽しむ（デドンアイランド泊）	
4日目	シアルガオ → セブ島（セブ島泊）	
5日目	セブ島 → 成田着	

広々としたバスルーム。バスアメニティも、もちろん自然派！

おすすめの季節
通年
乾季の12～5月は降雨量が少なくおすすめ。3～5月はもっとも暑い時期となる。6～11月は雨季で、スコールと呼ばれる豪雨が降るが、短時間でやむ。

旅の予算
約22万円から
デドン アイランドの宿泊料金は1泊約7万6000円～。予約はホテルに電話かメールを。セブ島の宿泊料金は1泊約4000円～。

旅のポイント
宿泊料金には一部のマリンスポーツを除くアクティビティ代、マッサージ代、飲食代などが含まれている。シアルガオ島はサーフスポットとして名高く、サーファーの聖地「クラウド9」では毎年世界大会が開かれる。なお、フィリピンでは南部などでテロが発生しており、渡航の際には最新の治安状況を確認のこと。

+α
のお楽しみ

ビーチを歩いて散策したり、カヤックに乗ってマングローブの森を探検したり、釣り、シュノーケリングや初心者向けサーフィンのレッスンなど、マリンスポーツが十分に堪能できる。またシアルガオの町では、バーやレストラン、クラブなどナイトライフも楽しめる。

近海で獲れた新鮮な
シーフードが食べられる

シアルガオ島は
サーフィンの
メッカ

おまけネタ

少し早起きをして、ホテルのシェフとともにローカルマーケットへ行ってみよう。地元の漁師さんが獲ってきたばかりの新鮮な魚介類や、地元の人たちの食生活を垣間見ることができる。日本では珍しい魚や貝を見つけることができるかも。

絶景 04　　アンサナ イフル　　モルディブ

モルディブ諸島中心部、イフル島にあるホテル。島は歩いて約10分で1周できるほど小さく、島全体がホテルの敷地になっている。周囲を「モルディブで最も美しい」とも言われるサンゴ礁に囲まれており、白砂の上に広がる透明な海、青空、そして緑色のジャングルの組み合わせが美しい。

絶景 05　　**メナ ハウス ホテル**　　エジプト

エジプトの首都・カイロ郊外、ギザのピラミッド地区にある老舗ホテル。ムハンマド・アリー朝時代の宮殿を改築してつくられており、随所にイスラム様式の繊細な装飾が施されている。ピラミッドからわずか700mほどの距離にあるため、部屋やレストラン、プールなど各所から間近に眺めることができる。

絶景 04 モルディブ
アンサナ イフル

まさに「楽園」！
日常を離れぼーっとしたい……

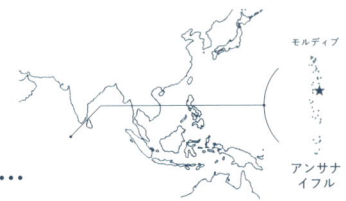

絶景へのご案内

North Malé Atoll, Republic of Maldives
+960 664 3502
http://www.angsana.com/en/em-maldives-ihuru

アンサナ イフルがあるイフル島は、モルディブのイブラヒム・ナシル国際空港から約20km北西へ向かった海上に浮かぶ。国際空港からホテルのスピードボート（有料）で20分ほど海上を進むと、ターコイズブルーの海と白砂、木々の緑に彩られたイフル島が見えてくる。チェックインをすれば、誰に邪魔をされることもない、心豊かなバカンスがはじまる。ヴィラは全室ビーチフロントで、開放感たっぷり。のんびりとリゾートライフを満喫できる。

白い砂浜と青い海が目の前に広がっています

★おすすめ！ ロビさん
ビーチフロントヴィラは一棟独立型で、アジアのイメージを残したスタイリッシュなお部屋。ビーチ側は庭が広くオンドーリ付で快適♪ 部屋の壁には貝やサンゴのアートが飾ってあって、貝殻が大好きな私には大満足(^◇^)

たとえばこんな旅 ▶ 3泊5日
- 1日目　成田 → ドーハで乗り継ぎ → マーレ → スピードボートでイフル島へ（アンサナ イフル泊）
- 2日目　自由行動・マリンアクティビティを楽しむ（アンサナ イフル泊）
- 3日目　自由行動・マリンアクティビティを楽しむ → スピードボートでマーレへ（マーレ泊）
- 4日目　マーレを散策 → マーレ →（機中泊）
- 5日目　ドーハで乗り継ぎ → 成田着

美しい砂州の上でランチを楽しむことも

おすすめの季節
1月から4月
11月下旬から4月が乾季で、なかでもベストシーズンは1月末から4月中旬。ただ、雨季の7〜9月も湿度が上がり、スコールの回数が増える程度。料金が下がるので狙い目ともいえる。

旅の予算
約23万円から
アンサナ イフルの宿泊料金は1泊約6万2000円〜。予約は公式サイト（英語）より可能。マーレのホテルの宿泊料金は1泊約5000円〜。

旅のポイント
周囲700mあまりの小さな島なので、歩いて一周できる。青い海を見ながらのんびり散策を楽しんだり、ヤシの木陰で昼寝をしても。もちろん、ガイド付きのシュノーケリングサファリやモルディブ料理教室、島の探検ツアーなどに参加して、アクティブに過ごすのもこのリゾートの醍醐味だ。

MORE FUN! +αのお楽しみ

ハネムーナーに人気のバンヤンツリー モルディブ バビンファルとアンサナ イフルとは姉妹リゾートで、無料の送迎ボートが両島を行き来している。お隣の島へ行って、アンサナ イフルとは趣が異なる隠れ家風リゾートの雰囲気を味わってみるのもおすすめ。

カラフルな南の海の魚たちがすぐそこに

セラピストの技術の高さには定評あり

おまけネタ　アンサナ イフルは環境保全に熱心で、調査活動を積極的に行っている。また、ホテルでは宿泊者向けに、海洋保全研究所の専門家からサンゴやウミガメの生態を学ぶ場や、サンゴの植え付けなどの保護活動を体験できる機会を設けている。

絶景 05　エジプト
メナ ハウス ホテル

唯一残る"世界七不思議"
部屋から眺めて謎解きを

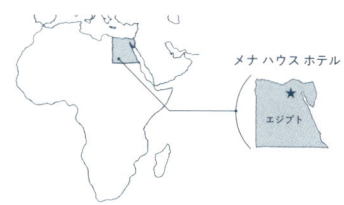

メナ ハウス ホテル

絶景への ご案内

📍 Pyramids road, Giza, Cairo, Egypt
📞 +202 33 77 3222
🌐 http://www.menahousehotel.com

カイロ国際空港からは車で約1時間(ホテルに有料の送迎サービスもあり)。サラ・セーラム・ストリートなどを経由し、高いビルやエキゾチックな建物が並ぶカイロ市街地を横目で見ながらナイル川を渡ってさらに進むと、にぎやかな街並みの中に、庭園に囲まれた宮殿のようなホテルが姿を現す。ホテルに入れば、市街の喧噪はうそのよう。静かな時間がゆったりと流れていく。カイロ市内まで車で約30分と、観光にも便利。

ホテルの部屋からも
ピラミッドが!

おすすめ!
マスジッドさん
砂漠の中のピラミッドは、簡単には目にできないようなイメージがありました。ところがメナ ハウス ホテルでは、美しく装飾された室内からでも、広々した庭のプールからでも、五千年の歴史を間近に見ることができ、大感激でした。

たとえばこんな旅 ▶ 2泊5日

1日目	成田 →(機中泊)
2日目	ドーハで乗り継ぎ → カイロ → 車でギザへ(メナ ハウス ホテル泊)
3日目	ギザのピラミッドやスフィンクスを観光(メナ ハウス ホテル泊)
4日目	エジプト考古学博物館などカイロ市内を観光 → カイロ → ドーハで乗り継ぎ →(機中泊)
5日目	成田着

米や豆、ニンニクフライなどが入った「コシャリ」はエジプトの国民食。

おすすめの季節
3月から4月
10月から11月

3〜10月の日中は半袖でOKだが、11〜2月はウールの衣類が必要。とくに冬の朝晩は冷え込むので、防寒着を用意したい。逆に夏は40℃くらいになることもあるので、サングラスや帽子、日焼け止めは必携。

旅の予算
約13万円から

メナ ハウス ホテル(ピラミッド・ビューの部屋)の宿泊料金は1泊約2万円〜。予約はホテルの公式サイト(英語)より可能。

旅のポイント

ピラミッドを眺めながら温水プールで泳いだり、古代エジプトに思いをはせながら、クレオパトラ気分でスパを楽しんだり……。ほかでは体験できない、絶好のロケーションを存分に楽しみたい。また、ピラミッド周辺やカイロ市街での観光も満喫できる。ただ、テロなどが発生している地域なので、十分な注意が必要だ。

+α のお楽しみ

緑豊かな庭園をのんびり散歩するのもおすすめ。カイロ市内にあるエジプト考古学博物館(ツタンカーメンの秘宝などを所蔵)や、壮麗なムハンマド・アリ・モスク、アブディーン宮殿なども訪れたい。「カイロの台所」と呼ばれるスーク・アタバ(市場)見学も楽しい。

広さ約16万㎡にも及ぶ
エキゾチックな庭園

カイロのエジプト考古学博物館には、ツタンカーメンの黄金のマスクも展示されています。

おまけネタ メナ ハウス ホテルの広大な敷地には、100年以上前に設立され、エジプト最古のゴルフコースとして知られる「メナ ハウス ゴルフ コース」もある。そびえるピラミッドに向かってボールを打つ醍醐味は、ここならではだ。

絶景 06　アンドビヨンド ソススフレイ デザート ロッジ　ナミビア

ナミビア南西部、世界最古の砂漠とされるナミブ砂漠を見渡す山の麓に建てられたホテル。サバンナの真ん中で大自然を感じながら食べる屋外での朝食やディナーが人気を博している。自然保護区内にあるためヒョウやシマウマなどの野生動物を観察できる。世界一標高の高い砂丘にも近く、ツアーで行ける。

絶景 07　　アンドロニス ラグジュアリー スイーツ　　ギリシャ

「世界一美しい夕日」が見られると言われる、サントリーニ島北部のイアにあるホテル。併設のレストランの、
海に張り出すようにつくられた席では、島の絶壁やエーゲ海を望みながら食事ができる。結婚式場としても
人気が高く、また全室スイートルームのためハネムーンにも最適。

絶景 06 ナミビア
アンドビヨンド ソススフレイ デザート ロッジ

ディナーの相手はヒョウ!?
スリル満点野外レストラン

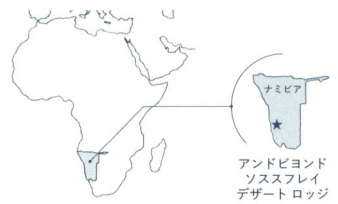

絶景へのご案内

- the NamibRand Nature Reserve 内
- +27 11 809 4300（予約） / +264 63 693 307（ロッジ）
- http://www.andbeyond.com/sossusvlei-desert-lodge/

ホテルはナミブランド自然保護区内にある。国際空港のある首都ウィントフックから専用機で、ナミビアの大地を眼下に見ながら向かう。ホテルは石壁のエントランスが目印。ナミブ砂漠観光に便利な位置にあり、ダイナミックな渓谷・セスリムキャニオンまでは車で約45分。有名な砂漠・デューン45までは車で約1時間。雨が降ると現れるソススフレイ（沼）や枯れ木が神秘的な光景を見せるデッドフレイまでは車で約1時間20分。

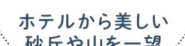
ホテルから美しい砂丘や山を一望

おすすめ！
BCG-E2599A さん
周りに何もないので、星がすごいです。天の川がくっきり。ホテルのアクティビティで早朝に砂丘を上って日の出を楽しんだり、洞窟で壁画を見たり、サファリで野生動物に出会ったり……。ナミブ砂漠を堪能しました。

たとえばこんな旅 ▶ 3泊6日

1日目	成田 → アジアで乗り継ぎ →（機中泊）
2日目	南アフリカで乗り継ぎ → ウィントフック → ナミブランドへ（ソススフレイ デザート ロッジ泊）
3〜4日目	ナミブ砂漠観光（ソススフレイ デザート ロッジ泊）
5日目	ウィントフック → 南アフリカで乗り継ぎ →（機中泊）
6日目	アジアで乗り継ぎ → 成田着

ロッジの隣りにはプールもある

おすすめの季節
4月から6月
4〜6月は日中の気温も25℃くらいで過ごしやすい。11〜2月の夏場は雷雨が多く、日中の気温は40℃以上にもなる。砂漠地帯は昼と夜の寒暖の差が激しいので羽織るものを持っていくと便利。

旅の予算
約35万円から
ソススフレイ デザート ロッジの宿泊料金（1人）は1泊約5万5000円〜（3食、ガイド付きネイチャーウォークなどを含む）。予約は旅行代理店へ依頼するか、各種予約サイトより可能。

旅のポイント
高さ300mにもおよぶオレンジ色の砂丘が連なるナミブ砂漠を楽しむには、ガイド付きのツアーがおすすめ。ホテルで借りられる4輪バイク（無料）でナミブランド自然保護区を走るのも楽しい。ホテルでは、砂漠ドライブやハイキングなど、さまざまなアクティビティを用意している（有料）。

+α のお楽しみ

オリックスと呼ばれるカモシカやダチョウ、ヤマアラシなど、ナミブ砂漠に棲息する野生動物と出会えるチャンスも。屋外でのロマンチック・ディナーもおすすめだ。また、首都ウィントフックは人口30万人の大都市で、教会や美術館など見どころも多い。

枯れた木が点在するデッドフレイ

熱気球ツアーで空から砂漠見学を
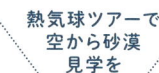

おまけネタ ナミブランド自然保護区は、光害問題に取り組むNPO「国際ダークスカイ協会」が認定した「ダークスカイ保護区」。天文学者も認める理想的な天体観測エリアだ。ホテルには星を見るアクティビティもあるので、ここでしかお目にかかれない美しい星空を堪能しよう。

絶景 07　ギリシャ
アンドロニス ラグジュアリー スイーツ

海の上の空中ディナーは
間違いなく旅一番の想い出に

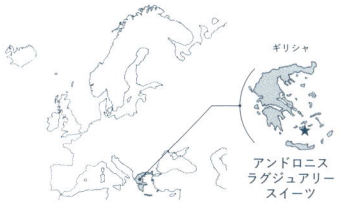

**絶景への
ご案内**

- Oia, Santorini, 84702, Greece
- +30 22860 72041
- http://www.andronisexclusive.com/

**25のゲストルームは
全室スイート**

地中海に浮かぶサントリーニ島の北端の崖の端に立つホテル。アテネから飛行機で45分ほどでサントリーニ空港に到着。島の中央部にある空港からホテルまでは車で約30分。島の中西部にあるティラ・アティニオス港からも、車で30分ほどの道のりだ（ホテルの有料送迎サービスあり）。伝統的なエーゲ海建築の建物が真っ青な海に映え、旅人を非日常の世界へ誘う。

> 👍おすすめ！
> MDHさん
> 小上がりつきのまあるいベッドで最高のシエスタを楽しめます。また、テラスからキレイなエーゲ海を一望できます。

たとえばこんな旅 ▶ 3泊5日

1日目	羽田 → イスタンブールで乗り継ぎ → アテネ（アテネ泊）
2日目	アテネ → 飛行機でサントリーニ島 → 車でホテルへ（アンドロニス ラグジュアリー スイーツ泊）
3日目	自由行動・島内観光やホテルライフを楽しむ （アンドロニス ラグジュアリー スイーツ泊）
4日目	サントリーニ島 → 飛行機でアテネ → イスタンブールで乗り継ぎ →（機中泊）
5日目	羽田着

階段の多い
サントリーニ島では
ロバタクシーが活躍

サントリーニ島の伝統料理を
モダンにアレンジ

おすすめの季節
6月から9月

夏は高温だが湿気が少なく、過ごしやすい。ただし、7～8月はヨーロッパからの観光客で混み合う。昼間は半袖でOKだが、夜は20℃くらいまで下がるので、薄手のジャケットやカーディガンをもっていこう。

旅の予算
約24万円から

アンドロニス ラグジュアリー スイーツの宿泊料金は1泊約5万5000円～。予約は公式サイト（予約ページは日本語）より可能。アテネのホテルの宿泊料金は1泊約8000円～。

旅のポイント

いちばんのおすすめは、やはりレストランのテラス席「ファースト・テーブル」での食事。夕暮れ時は、日没そのものは見られないものの、薄暮から宵闇へと移ろう景色を満喫しながら、ディナーを楽しむことができる。朝食はルームサービスで。部屋のテラスで青い海を眺めながら食べるのは最高の気分。

+αのお楽しみ

白亜の建物や真っ青な地中海、断崖絶壁に建つ家々……。そんな風景を眺めながら、のんびりバカンスを過ごすのがおすすめ。島内観光も楽しむなら、島でいちばん高い場所にある、18世紀に建てられたプロフィティス・イリアス修道院や、白壁の家が立ち並ぶイメロヴィグリなどを訪ねてみるのもいい。

絵になる
風景が
あちこちに

白壁の建物と海の
コントラストが
美しい

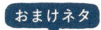
おまけネタ　アテネ空港では、出発ロビー内にギリシャの名産品が買える店があり、お土産探しに便利。ヒオス島でしか採れない樹液・マスティック入りの歯みがきなどユニークなものが見つかる。オリーブオイルも特別な袋に入れて封印してもらえば機内持ち込みOK。

絶景 08　ロイサバ ウィルダネス　ケニア

ケニア中央部、野生動物保護区内にあるホテル。2棟しかない「スターベッド」は電気や設備のない高床式の部屋で、屋外に置かれているベッドで野生動物の鳴き声を聞いたり、満天の星を眺めたりしながら眠りにつくことができる。滞在中はサンブル族やマサイ族が宿泊者のサポートをしてくれる。

死ぬまでに行きたい！世界の絶景ホテルMAP

本書で紹介している「絶景ホテル」をわかりやすいように世界地図にまとめました。行きたいホテルを中心に、旅行の日程を立てる際の参考にしてみてください。世界にはまだまだ素晴らしいホテルがたくさんあります。旅先で見つけた「絶景ホテル」を地図に書き込んでいけば、いつか、この地図が自分だけの宝の地図になるでしょう！

ヨーロッパ

- 32 ホテル ランガ（アイスランド）……088
- 18 アシュフォード キャッスル
  （アイルランド）……049
- 55 バーンズリー ハウス（イギリス）……144
- 15 フォーシーズンズ ホテル
  フィレンツェ（イタリア）……041
- 48 プレンディパルテの塔
  （イタリア）……128
- 42 レ シレヌーゼ（イタリア）……113
- 16 アシュタルテ スイーツ
  （ギリシャ）……044
- 07 アンドロニス ラグジュアリー
  スイーツ（ギリシャ）……021
- 50 ザ・カンブリアン（スイス）……132
- 29 チューゲン グランド ホテル
  （スイス）……077
- 35 ベルクガストハウス エッシャー
  （スイス）……096

- 28 ツリーホテル（スウェーデン）……076
- 41 シャングリ・ラ ホテル パリ
  （フランス）……112

中東

- 26 アナンタラ カスール アル サラブ
  デザート リゾート
  （アラブ首長国連邦）……068
- 24 ミュージアムホテル（トルコ）……064

アフリカ

- 05 メナ ハウス ホテル（エジプト）……017
- 09 ジラフ マナー（ケニア）……028
- 08 ロイサバ ウィルダネス（ケニア）……024
- 06 アンドビヨンド ソススフレイ
  デザート ロッジ（ナミビア）……020
- 14 カスバ タマドット（モロッコ）……040

アジア

- 21 タージ レイク パレス（インド）……056
- 46 ヴァイスロイ・バリ（インドネシア）……124
- 39 サンクルーズ リゾート アンド ヨット
  （韓国）……108
- 20 マリーナ ベイ サンズ
  （シンガポール）……053
- 10 アナンタラ ゴールデン トライアングル
  リゾート＆スパ（タイ）……032
- 12 ソネバキリ（タイ）……036
- 02 ラヤバディ（タイ）……012
- 19 W リトリート コー サムイ（タイ）……052
- 38 インターコンチネンタル香港
  （中華人民共和国）……104
- 40 グランド ハイアット 上海
  （中華人民共和国）……109
- 37 ジェイド スクリーン タワーホテル
  （黄山玉屏楼賓館）
  （中華人民共和国）……100

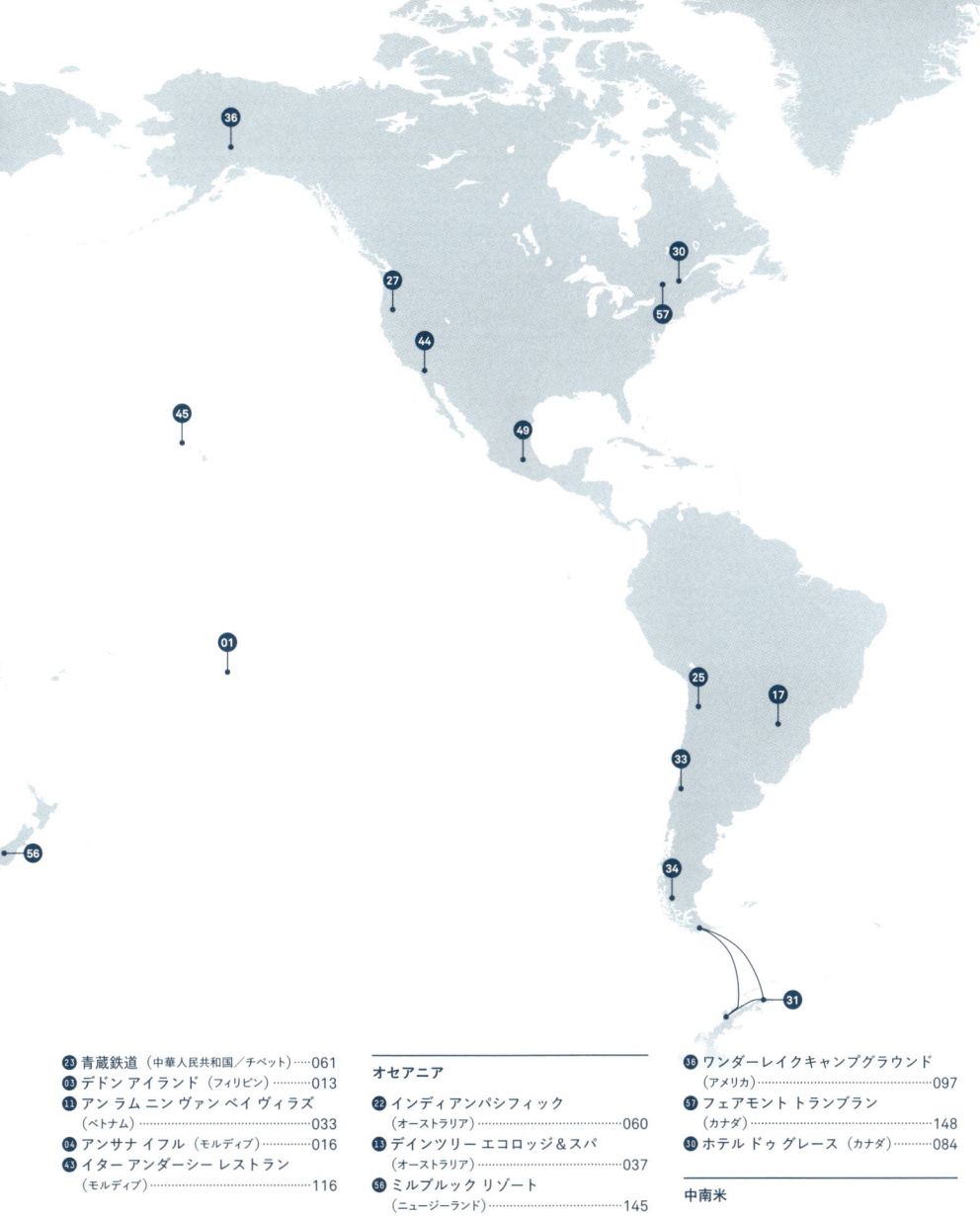

アジア	
㉓ 青蔵鉄道（中華人民共和国／チベット）……061	
⓪③ デドン アイランド（フィリピン）………013	
⑪ アン ラム ニン ヴァン ベイ ヴィラズ	
（ベトナム）………………………………033	
⓪④ アンサナ イフル（モルディブ）………016	
㊺ イター アンダーシー レストラン	
（モルディブ）……………………………116	

日本
㉛ ザ・ウィンザーホテル洞爺リゾート＆
　スパ（北海道）……………………………136
㊴ 赤倉観光ホテル（新潟県）………………152
㊾ ザ・プリンス さくらタワー東京
　（東京都）…………………………………140
㊼ 星のや軽井沢（長野県）…………………125
㊴ 日本平ホテル（静岡県）…………………141
㊾ 杉乃井ホテル（大分県）…………………137

オセアニア
㉒ インディアンパシフィック
　（オーストラリア）………………………060
⑬ デインツリー エコロッジ＆スパ
　（オーストラリア）………………………037
㊶ ミルブルック リゾート
　（ニュージーランド）……………………145
⓪① セント レジス ボラボラ リゾート
　（フランス領ポリネシアボラボラ島）………008

北米
㉗ クレーターレイクロッジ
　（アメリカ）………………………………072
㊹ ザ・サグアロ パームスプリングス
　（アメリカ）………………………………120
㊺ セント レジス プリンスヴィル リゾート
　（アメリカ）………………………………121

㊱ ワンダーレイクキャンプグラウンド
　（アメリカ）………………………………097
㊼ フェアモント トランブラン
　（カナダ）…………………………………148
㉚ ホテル ドゥ グレース（カナダ）………084

中南米
㉕ アルト アタカマ デザート ロッジ＆スパ
　（チリ）……………………………………065
㉝ エルキドモス（チリ）……………………092
㉞ オステリア ペオエ（チリ）……………093
⑰ ベルモンド ホテル ダス カタラタス
　（ブラジル）………………………………048
㊾ ダウンタウン（メキシコ）………………129

南極
㉛ フッティルーテン・フラム号の
　南極クルーズ（南極）……………………085

絶景 09　ジラフ マナー　　ケニア

ケニアの首都・ナイロビ郊外にあるイギリス様式の邸宅を改装したホテル。絶滅危惧種のキリンを保護するジラフセンターが隣接しており、放し飼いにされているキリンとふれあうことができる。建物内から名前を呼ぶとキリンが窓から顔を覗かせることがあり、一緒に食事を楽しむこともできる。

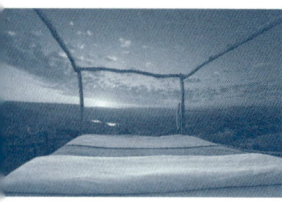

絶景 08 ケニア
ロイサバ ウィルダネス

願い事がかけ放題！
星空鑑賞専用ベッド

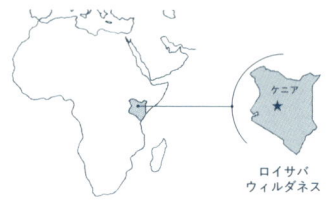

絶景への
ご案内

P.O. Box 1348, Nanyuki, Kenya
+ 254 (0) 705202375
http://www.loisaba.com/

ナイロビのジョモ・ケニヤッタ国際空港から、30分ほど離れた市内にあるウィルソン空港まで車で移動する。ここで小型機に乗り換え、約50分でロイサバ空港に到着する。空港からホテルのロイサバ ウィルダネスまでは車で移動。

ホテルは北ライキピアにある約225km²の広さを誇る私営の自然保護区内に位置し、起伏に富んだ山々や、ケニアの北半球側の地域ならではの変わった動物、満天の星空……etc. 大自然を丸ごと体感できる。

スターベッドでケニアの大地と空を満喫！

おすすめ！
井村大輔さん
スターベッドは2棟あります。ディナーはメイン棟に併設された食堂で提供されるので、1泊分の荷物を携えて夕刻サファリに参加し、そのままスターベッドへ移動し1泊、翌朝は朝食後にロッジに戻るという感じになります。

たとえばこんな旅 ▶ 3泊6日

1日目	成田 → 中東で乗り継ぎ →（機中泊）
2日目	ナイロビ（ナイロビ泊）
3日目	小型機でロイサバへ（ロイサバ コテージ泊）
4日目	自由行動・無料オプションツアーに参加（ロイサバ スターベッド泊）
5日目	ロイサバ → ナイロビ → 中東で乗り継ぎ →（機中泊）
6日目	成田着

朝食はサバンナで

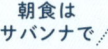

おすすめの季節
7月から9月
1〜2月、6〜9月が乾季、3〜5月、10〜12月は雨季になる。特に7月と8月は降雨量が少なく、旅行しやすいシーズン。

旅の予算
約34万円から
ロイサバ ウィルダネスの宿泊料金は1泊約7万4000円〜。ホテルの予約は直接メールで申し込むか（英語）、ロイサバ泊が組み込まれたツアーに申し込みを。ナイロビ市内の宿泊料金は1泊約1万2000円〜。

旅のポイント
スターベッド棟にはトイレやシャワーもある。ベッドの下には車輪がついており、雨が降ってきたら屋根の下に避難できる。スターベッドはオプションメニューで、ピークシーズンだと希望者が多く泊まれない場合もあるので注意。なお、現在ケニアでは危険情報が出ているので、行く際は現地状況を確認のうえ、安全対策を。

+α のお楽しみ

ライオンやヒョウ、サイ、世界でもめずらしいリカオン（犬の仲間）など野生動物が生息する自然保護区をスタッフが車で案内してくれるナイトサファリ、ラフティング、ラクダに乗って区内を散策する"キャメルサファリ"など、アウトドアイベントが盛りだくさん。

地元の村で文化に触れる

キャメルサファリは人気のアクティビティ

おまけネタ

ケニアといえば先住民族のマサイ族が有名。ホテルのアクティビティには伝統的なマサイ族の村を訪れるツアーがあり、彼らの生活様式やダンス、見事なビーズ工芸など、マサイ文化を垣間見るという、貴重な体験もできる。

絶景 09 ケニア
ジラフ マナー

キリンと一緒に朝食を！
動物園みたいなホテル

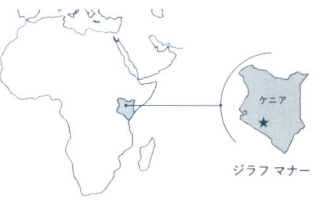

絶景へのご案内

Langata, Nairobi, Kenya
+254 733 224 446
http://www.thesafaricollection.com/properties/giraffe-manor

ナイロビのジョモ・ケニヤッタ国際空港から車でランガタロードを西に向かう。商業地や住宅地などを道沿いに見ながら走ること約35分。絶滅の恐れがあるロスチャイルドキリンが保護され、放し飼いにされている名物ホテルのジラフマナーに到着する。1930年代に建てられた邸宅を改装した風格のあるホテルと、キリンの不思議な組み合わせに、異空間に足を踏み入れたような気分になる。朝や夕方になるとキリンたちはホテルの窓から覗き込み、餌をねだる。

窓からこんにちは

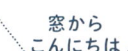

おすすめ！ 井村大輔さん
朝食が並ぶテラスは庭に面しておりキリンとの出会いは間違いないが、邸内にある10室の客室は内装から眺望まで部屋ごとにかなりの差があるので予約時に「ベティー」や「デイジー」など部屋名を指定するのがおすすめ。部屋名は歴代キリンの名前。

たとえばこんな旅 ▶ 2泊5日

- 1日目　成田 → 中東で乗り継ぎ → （機中泊）
- 2日目　ナイロビ → 車でジラフ マナーへ移動（ジラフ マナー泊）
- 3日目　自由行動・キリンと一緒の朝食を楽しむ（ジラフ マナー泊）
- 4日目　ジラフ マナー → ナイロビ → 中東で乗り継ぎ → （機中泊）
- 5日目　成田着

中2階のあるフィンチ ハットン スイーツ

おすすめの季節

通年

雨季は3〜5月と10〜12月の年2回、それ以外の月が乾季となる。気温は年間を通じて暖かく、雨が降るのはたいてい夜半から明方にかけてなので、雨季でも楽しめる。

旅の予算

約26万円から

ジラフ マナーの宿泊料金は1泊約6万4000円〜。予約は公式サイト（英語）または電話で可能。

旅のポイント

キリンを間近に見たり餌付けをしたりなど、貴重な体験ができる。また隣接するジラフセンターでも、キリンとのふれあいを楽しめる。料金は食事やドリンク代から洗濯代までオールインクルーシブ。なお、毎年4月15日から5月15日は休館となる。また、左ページに記載したとおり、渡航前には治安状況の確認を。

+α のお楽しみ

宿のあるカレン地区はハリウッド映画『愛と悲しみの果て』の舞台になったところ。他にも象の孤児院、ガラス工房のキテンゲラグラス、ビーズや陶器工房のカズリなどがあり、滞在中、希望すればホテルのスタッフが連れて行ってくれる。

キリンとこんなにお近づきに

ケニアのビーズ工芸は有名！

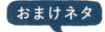

おまけネタ　ケニアでは特産品店やマサイ族の村の店など、商品に値札のついていない店がある。こうした場合には値段交渉が必要。最初は高い金額を提示されるが、交渉次第で値は下がっていく。一方、ロッジやナイロビ市内のショップ、スーパーマーケットなどは値段が表示されており、値引き交渉は一切できない。

絶景 10　アナンタラ ゴールデン トライアングル リゾート&スパ　タイ

タイ北部、ミャンマー、ラオスとの国境近くにあるホテル。施設内にゾウ使いの村を再現したエレファントキャンプがあり、25頭のゾウと60名ほどのゾウ使いが暮らしている。滞在中はゾウ使い体験や、ゾウに乗って行くトレッキングやピクニックなど、バリエーション豊富なふれあいを体験できる。

絶景 11　　アン ラム ニン ヴァン ベイ ヴィラズ　　ベトナム

2011年にオープンした、ベトナム中南部のリゾートタウン・ニャチャンにあるホテル。海と山に囲まれた自然豊かな環境にあり、専用ボートでしか訪れることができないため、隠れ家感がただよう。木々の間に点在するヴィラは、緑の世界に溶け込んでいるかのような美しい景観を見せる。

絶景 10 タイ
アナンタラ ゴールデン トライアングル リゾート&スパ

1日じゅうゾウづくし！
ゾウ好きに捧げるホテル

絶景への ご案内

- 229 Moo 1, Chiang Saen, Chiang Rai 57150, Thailand
- +66 53 784 084
- http://goldentriangle.anantara.jp/

バンコクから国内線に乗り換えて、チェンライに向かう。チェンライ空港からホテルまでは車で移動。リゾートが近づくと雄大なメコン川が左手に。丘陵地帯のジャングルの中をさらに進むと、アナンタラ ゴールデン トライアングル リゾート&スパの敷地内に入る。なお、チェンライ空港からは車とゾウによる送迎サービスもある。リゾートはラーンナー様式の建物。各部屋からはジャングルやメコン川、ミャンマーの国境などが望める。

チーク材の調度品に囲まれた落ち着くインテリア

行きたい！
詩歩

先日、初めてゾウに乗ってみましたが、歩く速度がゆっくりで本当になごみました。このホテルはとにかくゾウづくしなので行ってみたい！ 自分でランタンを飛ばせるセレモニーも魅力的です。

たとえばこんな旅 ▶ 2泊5日

- 1日目 羽田 →（機中泊）
- 2日目 バンコク → チェンライへ・サンセット エレファント トレックに参加（アナンタラ ゴールデン トライアングル泊）
- 3日目 自由行動・ゾウ使い体験に挑戦（アナンタラ ゴールデン トライアングル泊）
- 4日目 チェンライの街を観光 → チェンライ → バンコク →（機中泊）
- 5日目 羽田着

ゾウ使いになって水浴びを体験

おすすめの季節

11月から2月

11〜3月の乾季は、花々が咲いて美しいシーズン。2月までは気温も比較的涼しく過ごしやすい。もっとも暑いのは3月から4月にかけて。5〜10月は雨季となり、日中はスコールがあり、降雨量も多い。

旅の予算

約31万円から

アナンタラ ゴールデン トライアングルの宿泊料金は1泊約10万円〜。予約は公式サイト（日本語）より可能。

旅のポイント

ゾウとふれあうアクティビティが満載。子ゾウのキャンプの中のプライベートダイニングも楽しい。14世紀にラーンナー王朝第3代セーンプー王が築いた古都チェンセーンの遺跡群や、この一帯に住む山岳民族の集落を訪れることもできる。また1日でタイ、ミャンマー、ラオスを周遊するツアーもある。

+αのお楽しみ

リゾート内では、タイ北部のラーンナー地方の郷土料理を学べる教室が開催される。また、ジャングルを見下ろす高台で施術が受けられるアナンタラ スパでは、地元産の素材を使った伝統的なタイ式のトリートメントや、天然由来のオイルを使ったアロマテラピーマッサージが受けられる。

幸運を祈ってランタンを空へ

スパでは地元産の素材を使ってトリートメント！

おまけネタ タイでは、コームローイまたはコームファイと呼ばれる紙製のランタンに、願い事をして点火する儀式がある。ランタンを空に飛ばすことで不幸や悪運も去ると信じられている。アナンタラ ゴールデン トライアングルでも、チェックアウト前日に、ランタンを飛ばす幻想的なセレモニーに参加できる。

絶景 11　ベトナム
アン ラム ニン ヴァン ベイ ヴィラズ

マイナスイオンに包まれる
ブルーグリーンの世界

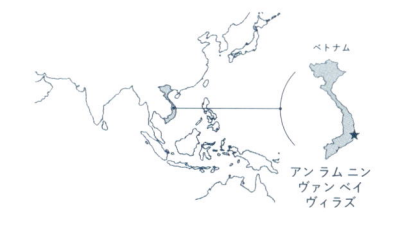

**絶景への
ご案内**

Tan Thanh Hamlet, Ninh Ich Commune, Ninh Hoa District, Nha Trang City, Khanh Hoa Province, Vietnam
+84 5 8362 4964
http://www.anlam.com/en/ninhvanbay/

ベトナム南東部、ホーチミン市の北東約300kmに位置する高級ビーチリゾート。ホテルのスタッフがカムラン国際空港まで迎えにきてくれる。海を右手に見ながら車を走らせること約1時間で、ホテル専用の桟橋＆ウェルカム・ラウンジへ。そこから15分ほどスピードボートに乗れば、深い森に囲まれた広大なリゾートに到着する。周辺の施設から離れているため、透き通った青い海が目の前に広がるビーチで、静かな時間を過ごすことができる。

**開放感いっぱいの
ラグーンヴィラ**

**ボートに乗って
楽園リゾートへ**

たとえばこんな旅▶2泊4日

- 1日目　成田 → ホーチミン → カムラン
→ 車でニャチャンへ
（アン ラム ニン ヴァン ベイ ヴィラズ泊）
- 2日目　ホテル内の施設やアクティビティを満喫
（アン ラム ニン ヴァン ベイ ヴィラズ泊）
- 3日目　ニャチャン観光の後、ニャチャン
→ カムラン → ホーチミンで乗り継ぎ
→（機中泊）
- 4日目　成田着

**おすすめ！
べあきちさん**
隠れ家ヴィラタイプで玄関には手彫りの名前入り表札をつくってくれていました。

おすすめの季節
3月から4月
年間を通して高温多湿だが、3〜4月は平均気温も28℃前後で、雨もほとんど降らないので比較的過ごしやすい。夜は気温が下がることもあるので、薄手のジャケットやカーディガンを持っていこう。

旅の予算
約17万円から
アン ラム ニン ヴァン ベイ ヴィラズの宿泊料金は1泊約5万円〜。予約は公式サイト（英語）より可能。

旅のポイント
すべての部屋に専属のバトラーがついて、ホテルの過ごし方や楽しみ方を案内してくれる。ビーチやプールサイドでのんびり過ごすのもよし、広い敷地内でトレッキングにチャレンジしたり、スキューバダイビングなどマリンスポーツに興じるもよし。贅沢な時間を過ごしたい。

+αのお楽しみ

料理好きなら、レストランのエグゼクティブ・シェフが教えるベトナム料理教室に参加するのもおもしろい。ゆったり派なら、ビーチやスパのバルコニーなどで行われるサンライズヨガに参加したり、ベトナム式のフェイス＆ボディデトックスを受けてみるのもおすすめだ（いずれも有料）。

**豊かな緑に包まれた
オリエンタルなスパ**

**ニャチャンには、
チャンパ王国の遺跡、
ポーナガル塔も**

おまけネタ　ホテルに近いニャチャンはベトナム屈指のビーチリゾート。ポーナガル塔や、2つの大きな仏像が見どころの隆山寺（ロンソン寺）、泥温泉で知られるタップバーホットスプリングセンターなどの観光地もある。最終日に立ち寄ってみるのもいい。

絶景 12 　ソネバ キリ 　タイ

手つかずの自然が残る、タイ東部・クッド島にあるホテル。自然との共存を意識したリゾートは熱帯雨林に覆われ、秘境感があふれる。地上約5mの木の上にある、1日朝昼夜各1組限定のダイニング「ザ・ツリーポッド」では、スタッフがターザンのようにロープを渡って食事を運んできてくれる。

絶景 13　デインツリー エコロッジ＆スパ　　オーストラリア

オーストラリア北東部クイーンズランド州、最古の熱帯雨林がある、世界遺産デインツリー国立公園にあるホテル。環境になるべく影響を与えないように配慮して建てられており、ジャングルの自然を体感できる。また、レストランやスパ、内装などに原住民・アボリジニの文化を積極的に取り入れている。

絶景 12 タイ
ソネバ キリ

ターザンが運んでくれる!?
木の上でヒミツのランチ

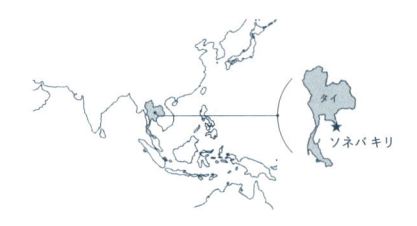

絶景へのご案内

📍 110 Moo 4, Koh Kood Sub-District, Koh Kood District, Trat 23000, Thailand
📞 +66 (0) 82 208 8888
🌐 http://www.soneva.com/soneva-kiri

バンコク・ドンムアン空港から、ソネバ キリの専用セスナに乗って、1時間半ほどでマイシー島のソネバ キリ所有の空港に到着。スピードボートに乗り換え約15分、クッド島にあるソネバ キリの白いビーチに到着する。ビーチにはリゾートのスタッフが待っており、温かく出迎えてくれる。客室面積は400㎡以上。ゆったりとした空間で贅沢な時間を過ごすことができる。

マングローブの森に囲まれたヴィラは35棟、全棟プール付き

🔊おすすめ！
UCHIKOさん
2ベッドルームビーチリトリート ジュニアスイートというヴィラに滞在。家族4人だけで使うにはもったいなさすぎ。プライベートプールもデカイです。ヴィラ前のプライベートビーチはまぁまぁなのですが、敷地内のスポット「The Beach」は最高!!!

たとえばこんな旅 ▶ 3泊5日

1日目	成田 → アジアで乗り継ぎ → バンコク(バンコク泊)
2日目	バンコク → マイシー島(ソネバキリ泊)
3日目	自由行動・マリンスポーツを楽しむ(ソネバキリ泊)
4日目	マイシー島 → バンコク → アジアで乗り継ぎ → (機中泊)
5日目	成田着

心地よい風が吹き抜けるベッドルーム

おすすめの季節

10月から4月

大きく雨季と乾季に分けられるが、年間を通して日本の7～8月ごろの気候と似ている。3～5月が最も暑く、6～10月が雨季、11～5月が乾季となる。乾季の11月中旬から1月中旬ごろがベストシーズン。

旅の予算

約38万円から

ソネバ キリ1ベッドルーム1泊の宿泊料金は約12万5000円～（朝食込、サービス・税別途）。予約は公式サイト（英語）のほか、日本のセールスオフィスでも可能。バンコク市内の宿泊料金は1泊約4000円～。

旅のポイント

宿泊は1泊から可能だが、最低3泊以上からのオールインクルーシブプランもおすすめ。1泊大人1名あたり400ドル追加で、全食事、飲料、往復セスナ代、ミニバー、マリンスポーツを含む一部のアクティビティ、ランドリー代が含まれる。

+α のお楽しみ（MORE FUN!）

クッド島の探索、釣り船での釣り体験、ダイビング、ウィンドサーフィンなどホテルのアクティビティの種類も多い。日の出や日の入りを見ながら食事をするクルージングのほか、日曜日の夜はビーチでバーベキューも楽しめる。

リゾート内の移動は電気カートか自転車で

アンコールワットにも行けちゃいます

おまけネタ　ソネバ キリは地理的にカンボジアにも近く、1週間に2便、ソネバ キリとシェムリアップ空港間のセスナを運行している（途中タラート空港で出入国手続きをする）。国境をまたぎ、アンコールワット観光もセットで楽しめる。

絶景 13 オーストラリア
デインツリー エコロッジ＆スパ

時を超えて受け継がれる
アボリジニの文化を感じて

絶景への
ご案内

- 3189 Mossman-Daintree Road, Daintree 4873 QLD, Australia
- +61 7 4098 6100
- http://www.daintree-ecolodge.com.au

外観からは想像つかない驚くほど豪華な室内

ケアンズ国際空港からシャトルバスに乗り、ポートダグラスでバスを乗り換えてホテルへ。所要時間は約2時間半だ。空港でレンタカーを調達すれば、海を右手に見ながら北上してデインツリー国立公園へ。約1時間半で、デインツリー川沿いのホテルに到着する。15室しかない客室は、すべて高床式のロッジ。うっそうと生い茂る熱帯の木々に包まれて、自然と一体になった気分が味わえる。非日常の時間と空間を、存分に楽しもう。

おすすめ！ trinityさん
部屋にはラジオやテレビはなくて、窓を開ければ、鳥の声や虫の声、風の音や木々のざわめきが聞こえてきて、自然の中にいるかのようです。大自然の中に滞在できるという贅沢。自然から癒しをもらえる素敵なところです。

たとえばこんな旅 ▶ 2泊4日

- 1日目　成田 →（機中泊）
- 2日目　ケアンズ → ポートダグラス → デインツリー国立公園へ（デインツリー エコロッジ＆スパ泊）
- 3日目　トレッキングなどのアクティビティを楽しむ（デインツリー エコロッジ＆スパ泊）
- 4日目　デインツリー エコロッジ＆スパ → ポートダグラス → ケアンズ → 成田着

新鮮な食材を厳選したヘルシーメニュー

おすすめの季節
5月から11月

乾季の5～11月がベストシーズン。最低気温は16～21℃程度、最高気温は26～31℃程度で過ごしやすい。ただ、日差しは強いので、日焼け対策は必須。夜は冷えることもあるので羽織るものを持っていこう。

旅の予算
約15万円から

デインツリー エコロッジ＆スパの宿泊料金は1泊約2万8000円〜。予約は公式サイト（英語）より可能。

旅のポイント

開拓前はアボリジニが住む森だった。このためスパでは、施術にアボリジニが治療に使っていた薬草などを取り入れている。ここのリゾートに来たら、スパは外せない。また、アボリジニの人たちがガイドを務めるネイチャーツアーや、熱帯雨林ツアーもおすすめだ。

+α のお楽しみ

バードウォッチングクルーズやリバーフィッシングなどもおすすめ。オーストラリアン・キュイジーヌが楽しめる「ジェランバレストラン」では、食事の待ち時間にアボリジニの文化を教えてくれるサービスも。レストラン横には、アボリジニ・アート・ギャラリーも併設されている。

アボリジニの人の案内で熱帯雨林をお散歩

ドット・ペインティングは、代表的なアボリジニ・アート。

おまけネタ
ホテルのあるデインツリー国立公園は、1988年に世界遺産に登録された「クイーンズランドの湿潤熱帯地域」の中にある。熱帯雨林の中には、なんと1.5億年以上前からあると推定される場所も。ワラビーやヒクイドリなどめずらしい野生動物も生息する。

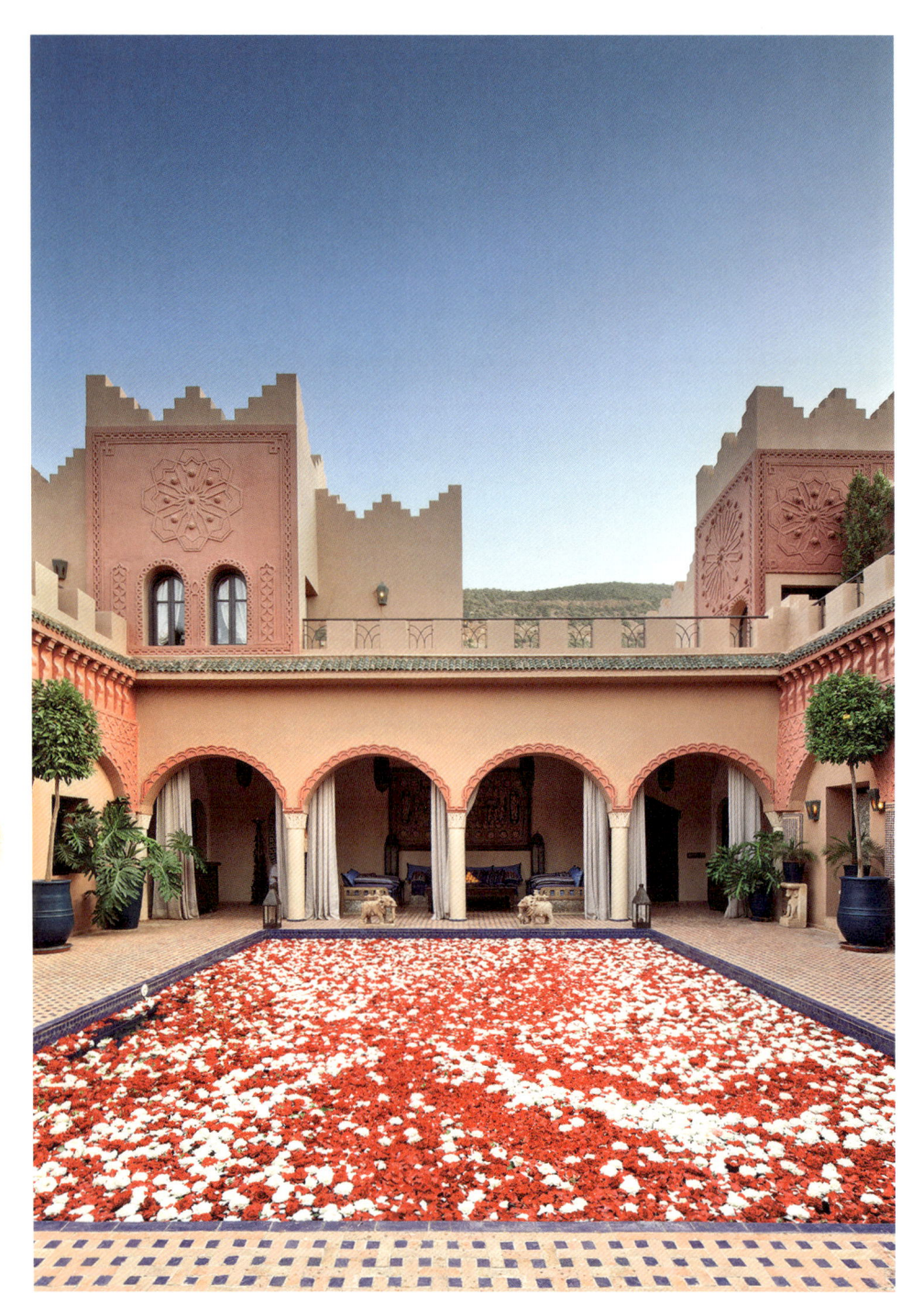

絶景 14 　　カスバ タマドット　　　モロッコ

モロッコ中央部、航空会社を持つヴァージン・グループ所有のホテル。アトラス山脈の麓、標高1320m地点に建てられており、抜群の眺望を誇る。ピンク色の壁、イスラム的な装飾が施された建物、室内に飾られたアンティークなど、お城気分満点。星空の下で映画を上映する「シネマナイト」が人気。

絶景 15　フォーシーズンズ ホテル フィレンツェ　　イタリア

イタリア北部・フィレンツェの中心部にある、ルネサンス時代の宮殿と修道院を改築して建てられたホテル。
随所にフレスコ画やレリーフが飾られているため、美術館に行かなくてもルネサンス芸術を堪能することが
できる。写真の「ノーブルスイート」ではベッドルームの天井にまでフレスコ装飾が施されている。

絶景 14 モロッコ
カスバ タマドット

ピンクのホテルに輝く星空
来たれ！アラビアンナイト

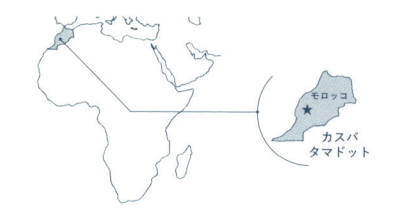

絶景への ご案内

BP67, 42152 Asni, Marrakech, Morocco
+44 208 600 0430 (UK HEAD OFFICE)
http://www.virginlimitededition.com/en/kasbah-tamadot

ベルベル風のエキゾチックな
ベッドルーム

空港から車で約45分、マラケシュ市内中心部からは約1時間、山に向かって長く緩やかな坂道を走ると突然、山の中腹に点在するカスバ タマドットの建物が見えてくる。ホテルは標高1320mに建ち、季節ごとに咲く花々が美しい渓谷や、天気に恵まれればアトラス山脈で1番、アフリカ大陸では7番目の高さを誇るトゥブカル山も望める。淡いピンクの外壁、豪華なベルベル族のテント風客室やアンティークの調度品など、建物も魅力的。

おすすめ！
岡本翔子さん
マラケシュから四駆を飛ばして約1時間。山の上にそびえ立つはヴァージン会長、R・ブランソンの隠れ家ホテル。ベルベルテント風スイートルームからの眺望は息を呑む美しさだ。ハマムや広大な庭園もあり、滞在型のホリデーを楽しむのに最適。

たとえばこんな旅 ▶ 3泊6日

1日目	成田 → ドバイで乗り継ぎ →（機中泊）
2日目	カサブランカ着 → 車でマラケシュへ・旧市内を観光、スーク（市場）を楽しむ（カサブランカ泊）
3日目	車でカスバ タマドットへ（カスバ タマドット泊）
4日目	自由行動・トレッキングを楽しむ（カスバ タマドット泊）
5日目	車でカサブランカ空港へ　カサブランカ → ドバイで乗り継ぎ →（機中泊）
6日目	成田着

モロッコの伝統的な
土鍋「タジン鍋」を
お土産に♪

幻想的な雰囲気の
中で映画を

おすすめの季節
3月から5月、10月

モロッコの中央・内陸に位置するマラケシュは、通年降雨量が少なく温暖だが、昼夜の寒暖差が大きい。旅のベストシーズンは春と秋。夏の内陸部や砂漠は気温が50℃を超えることもあるので、避けたほうが賢い。

旅の予算
約26万円から

カスバ タマドットの宿泊料金は1泊約8万円〜。予約は公式サイト（英語）より可能。マラケシュ市内の宿泊料金は1泊約4000円〜。

旅のポイント

近隣の村はアスニのみ。ホテル周辺には何もないので、昼はハイキングやトレッキングで自然に親しみ、夜は望遠鏡で空を眺めたり、週2日プールサイドで行われる野外の映画上映を楽しむなど、ゆったりと過ごしたい。なお、現在モロッコでは危険情報が出ているので、最新の治安状況を確認のうえ、行動は慎重に。

ホテルは切り立った
崖の上に！

ラバは従順なので
安心して乗れる！

+α のお楽しみ
アトラス山脈周辺を散策する、さまざまなタイプのトレッキングが楽しめる。中でもラバに乗って回るミュールトレッキングはおすすめ。地元ベルベル族の家を訪れたり、文化に触れるツアーもある。またスパでは、伝統的なモロッコの蒸し風呂・ハマム式のトリートメントが受けられる。

おまけネタ マラケシュの旧市内、城壁に囲まれたジャマ・エル・フナ広場は無形文化遺産に登録されている。夕方には多数の飲食屋台が現れ、各屋台からはおいしそうな匂いが。大道芸人のパフォーマンスもあり、地元の人や観光客で毎日、縁日のような賑わいを見せる。

絶景 15 イタリア
フォーシーズンズ ホテル フィレンツェ

ルネサンスがよみがえる！
まさに泊まれる美術館

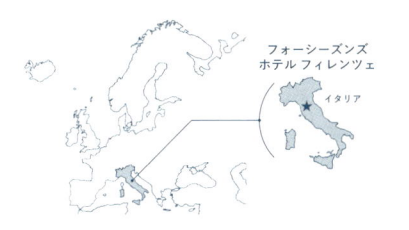

フォーシーズンズ ホテル フィレンツェ

絶景へのご案内

- Borgo Pinti, 99, 50121 Firenze, Italy
- +39 55 2626 1
- http://www.fourseasons.com/jp/florence/

フィレンツェのペレートラ空港から車で20分ほどで、歴史を感じさせるクラシックなホテルに到着する。公共交通機関を使う場合は、空港からバスで市内中心のサンタ マリア ノベラ駅のバスターミナルまで約25分、そこからタクシーに乗り換え約10分で着く。ルネサンス時代の面影を残すホテルの内装は優美そのもの。東京ドーム並みの広さを誇るゲラルデスカ庭園では、樹木が木陰をつくり、季節の花が咲きこぼれる。

庭園を見渡せる部屋もあるプレミアルーム

おすすめ！ Halさん
昔ながらの建物、街角や路地にも彫刻やレリーフが。町全体が美術館のようなフィレンツェにある、このホテルの中もまさに美術館。豪華な内装もすてきで気分はルネサンス時代の貴族のお嬢様！

たとえばこんな旅 ▶ 2泊4日

- 1日目　成田 → イタリア国内乗り換え → フィレンツェ（フィレンツェ泊）
- 2日目　フィレンツェ市内観光 → 車でホテルに移動（フォーシーズンズ ホテル フィレンツェ泊）
- 3日目　フィレンツェ → イタリア国内で乗り換え → （機中泊）
- 4日目　成田着

ルネサンス様式のゲラルデスカ庭園

おすすめの季節
3月から11月
比較的雨が少なくあたたかい春から秋がおすすめ。3～4月は昼夜の寒暖の差が大きいので注意を。夏は暑く30℃以上になる日も多い。10月ごろからは徐々に気温が下がり始め、朝夕は寒く感じる日も。

旅の予算
約14万円から
フォーシーズンズ ホテル フィレンツェの宿泊料金は1泊約5万2000円～。予約は公式サイト（日本語）より可能だが、p41の「ノーブルスイート」（1泊約63万円～）など一部の客室は、電話で要問合せ（+39 55 2626 250）。フィレンツェ市内の宿泊料金は1泊約9000円～。

旅のポイント
フィレンツェはルネサンス発祥の地、町の中心部が世界遺産に指定されている。市内には、ボッティチェリの絵画などルネサンス美術作品を数多く所蔵する、ウフィツィ美術館があり、年間約200万人が訪れる。ルネサンスの芸術家を支援した大富豪・メディチ家が遺したコレクションも収蔵されている。

+α のお楽しみ
町のシンボルのドゥオモ（サンタ マリア デル フィオーレ大聖堂）は、有名観光地の1つ。大理石が美しいファサードや荘厳な聖堂の内部は見逃せない。なかでも107mの高さを誇るドゥオモのクーポラは、観光客に人気が高い。展望台まで463段の階段を上り、そこから見える赤レンガ屋根の街並みは必見だ。

ドゥオモは町のシンボル

お味はいかが？ホテル自慢のティラミスカクテル

おまけネタ　職人の町として知られているフィレンツェ。歴史あるアトリエも数多く存在する。ジュエリーショップが点在するのはヴェッキオ橋周辺、オーダーメイドの靴屋が並ぶのはオルトラルノ地区、アリエント通りには革製品の露店が多い。いずれもホテルから近いので、ショッピングを満喫しては？

043

絶景 16　アシュタルテ スイーツ　ギリシャ

サントリーニ島南部・アクロティリにあるリゾートホテル。噴火を繰り返したカルデラの絶壁の上に建っており、自然の地形と融合したユニークな構造。内装も古代地中海文明をイメージしている。遮るものが何もないインフィニティプールでは、まるでエーゲ海に浮かんでいるかのような気分を味わうことができる。

絶景 16 ギリシャ
アシュタルテ スイーツ

果てしなく続く水平線に悠久の時をぼーっと感じる

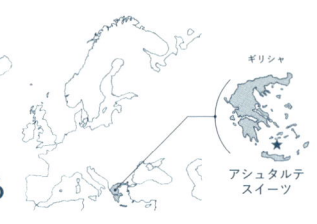

ギリシャ
アシュタルテ
スイーツ

各部屋のインテリアは古代地中海文明にちなんだもの

絶景へのご案内

- Caldera-Akrotiri, Santorini 84703, Greece
- +30 22860 83388
- http://www.astartesuites.gr/en/

アテネ空港から飛行機に乗り、サントリーニ島に向かう。青いエーゲ海を眼下に望みながら、フライト時間約40分で、東端にある島の空港に到着。空港から島の西端に位置するホテルまでは、約12km、車で20分ほど。旅行日程に余裕がある場合は、アテネの南西にあるピレウス港からフェリーで行く方法もある。高速フェリーで約4時間40分、普通フェリーで約8時間、海から見える、断崖に建つ白壁の建物の美しさはため息もの。

♪行きたい！ 詩歩
わたしがサントリーニ島を訪れたとき(p47)には行けなかった、島南部にあるホテル。南部のほうも、色とりどりの隠れた絶景がたくさん！　次はこっちにも行きたいなぁ〜。

たとえばこんな旅 3泊5日

- 1日目　羽田 → イスタンブールで乗り継ぎ → アテネ(アテネ泊)
- 2日目　アテネ → 飛行機でサントリーニ島 → 車でホテルへ　(アシュタルテ スイート泊)
- 3日目　自由行動・ヨットでのクルージングを楽しむ (アシュタルテ スイート泊)
- 4日目　サントリーニ島 → 飛行機でアテネ → イスタンブールで乗り継ぎ → (機中泊)
- 5日目　羽田着

全客室に専用ジャグジー付き

おすすめの季節
6月から9月
サントリーニ島周辺は、夏場は気温が高く暑いが、湿気が少ないため過ごしやすい。11〜3月の冬場は比較的寒くて雨も多く晴天が少ない。夏の7〜8月はヨーロッパからの観光客が島にあふれる。

旅の予算
約20万円から
アシュタルテ スイートの宿泊料金は1泊約3万円〜。予約は公式サイト(英語)より可能。ホテルの営業は4月から11月までなので注意。アテネ市内の宿泊料金は1泊約8000円〜。

旅のポイント
真っ青な海や空……誰もがイメージするエーゲ海を楽しみたいのであれば、冬季は避けたほうが賢明。またこの時期は多くのホテルやレストランも休業となり、島も閑散としている。旅行シーズンの夏は日差しが強いので、サングラスや帽子、日焼け止めなども忘れずに。

+α のお楽しみ
島の中心地フィラにある「古代ティラ」は、紀元前に栄えた都市の遺跡。島が一望できる人気のスポットでもある。また北端の町、イアは夕日の美しさが有名。海に沈む夕日は圧巻で、展望台もあり、昼とは異なるエーゲ海を楽しめる。夏場は混むので写真を撮るなら早めに行って場所の確保を。

観光名所イアの「ブルードーム」

プライベートバルコニーで海を見ながら食事も！

おまけネタ　サントリーニ島は大小の5つの島からなる。もとは1つの大きな島だったが、紀元前15世紀ごろの火山の大爆発で島の中央部が海中に沈み、現在のようになった。水没した中央部には幻の王国アトランティスがあったという学説も。真偽のほどはともかくロマンあふれる島である。

わたしが行った絶景ホテル
①

ルーカス ホテル（ギリシャ／サントリーニ島）

text：詩歩

女ひとり旅がこんなにツライと思った場所はありません。

ギリシャきってのリゾート地、ハネムーナーに人気のサントリーニ島に、なぜかひとりで行ってきました。

到着したのが午後１時過ぎ。灼熱の太陽のもと、赤黒い断崖絶壁がギラギラと輝き、かつて火山の噴火でできた島というのも納得の光景が見えます。

島最大の町・フィラまで移動すると、そこではホテルのスタッフのおじさんが待っていてくれました。キャリーバックをおじさんに預け、身軽にホテルを目指します。
サントリーニ島は絶壁の上にこれでもか！　というほど建物が密集していて、細い道や階段や坂道だらけの迷路のような町。ホテルはかなり階段を下ったところにあるよう。どこを切り取っても絵葉書のような美しい町並みを、あっちにうねうね、こっちにうねうね。滝汗を流しながらホテルのおじさんと階段を降りること数分。細い通路の先にホテルの看板が見えました。やっと到着です。

チェックインを済ませ、いざお楽しみの客室へ。
そう、このホテルは、伝統的な建築様式で建てられた「洞窟ホテル」なんです！
フロントからさらに細い階段を下り、右に曲がって今度は上がって、ようやく部屋に到着。
入口のドアを開けると、コンパクトな部屋がありました。屋根は低いけれど、外の暑さが嘘のように涼しい室内。天井も、洞窟らしいいびつな形をしていて、ホテル内でこの天井があるのはここだけなんだぁ〜と思うと、ちょっと独占欲が満たされます。
入口の外にあるベランダに出ると、がんばって階段を下ったご褒美！　海にせり出すようなベランダからは、誰にも邪魔されないエーゲ海のパノラマビュー、崖に並ぶサントリーニの町並みも眺めることができました。

フィラからイアに移動し、「世界一美しい」と言われる夕日を鑑賞して、帰ってきたのは夜20時。
昼間も景色を眺めたベランダから周りを見渡すと……。
目の前のエーゲ海に、月の光が一直線にラインを引き、まるでわたしを月に導いてくれているかのよう。振り返って町を眺めると、あたたかなオレンジ色のライトが白い街並みを照らし、昼間には見られなかった、やさしい表情に変化していました。

いろいろなサントリーニ島の表情を見ることができて、満足した気分で、洞窟の部屋でひと眠り。翌日早朝のフライトだったため、朝5時にチェックアウトして、ひとりでキャリーバックを持って町中へと繰りだそうとしました。

が……。
日中とは打って変わり、暗闇に包まれた町はわたしの全然知らない世界！　見事に迷い、20kg超えのキャリーバックを片腕で持ち上げながら（早朝のサントリーニ島の道はロバのフンだらけ！）　階段や坂道、石畳の道をダッシュ。
無事空港へ向かうことができたけれど、やっぱりサントリーニ島、女子ひとりで来るところじゃなかった！

ルーカス ホテル
PO Box 22 Fira-Santorini 84700, Greece
+30 22860 22480
http://www.loucashotelsantorini.com（英語）

洞窟ホテルの部屋。狭いところ好きにはたまりません。

ベランダから見える、カルデラの上に建つサントリーニの町並み。

この絶景コラムをカラーで見よう！　詩歩公式Blog「Shiho and…」でカラー写真を公開中！　http://shiho.me/644

絶景 17　ベルモンド ホテル ダス カタラタス　ブラジル

ブラジルのイグアス国立公園内にある唯一のホテル。世界最大級のイグアスの滝まで徒歩で行ける近さで、ホテルの宿泊者のみ、公園の営業時間外の夕方や早朝にも迫力ある滝を見に行くことができる。客室はポルトガルコロニアル風のデザインでかわいらしく、英国の故ダイアナ妃も宿泊したことがある。

絶景 18　アシュフォード キャッスル　　アイルランド

英国と隣接するアイルランド島西部にある、13世紀に建てられた国内最古の城を改装したホテル。荘厳な石造りの外観とクラシックさが残る内観に歴史を感じられる。約1.4km²もの広大な敷地を持ち、森と湖に囲まれた姿は風格がある。19世紀にはビールで有名なギネス家の別荘として使用されていた。

絶景 17 ブラジル
ベルモンド ホテル ダス カタラタス

悪魔の喉笛に引き寄せられ
イグアスまでてくてく散歩

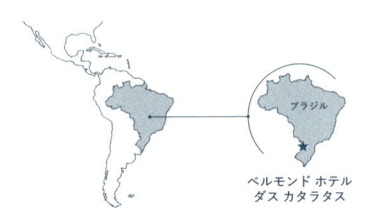

絶景へのご案内

📍 Rodovia, Br 469, km 32, Parque Nacional do Iguaçu, Foz do Iguaçu 85855-750, Parana, Brasil
📞 +55 45 2102-7000
🌐 http://www.belmond.com/hotel-das-cataratas-iguassu-falls/

フォス・ド・イグアス国際空港からホテルの送迎車に乗り、カタラタス通りを南下。熱帯雨林の間を抜けて走ること約15分でホテルに到着する。イグアス国立公園内には許可された車しか入れないので、タクシーやレンタカー利用の場合は、公園入口でホテルの車に乗り換える。車は20分間隔で24時間運行。フォス・ド・イグアス市の中心街までは、車で約30分。

南米情緒あふれるラグジュアリーホテル

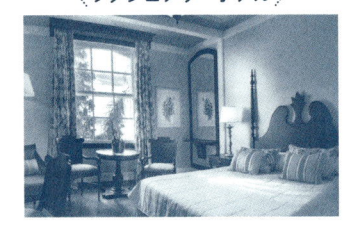

👍おすすめ！
ロルファーユキさん
公園内にあるので、閉園後も滝を見ながらウロウロできます。滝へ行ってずぶ濡れになった服は無料で乾かしてくれ、きれいにたたんで返してくれました。ディナービュッフェも最高。また行くときもぜひ泊まりたいです♥

たとえばこんな旅 ▶ 3泊7日

- 1日目　成田 → アメリカ国内で乗り継ぎ →（機中泊）
- 2日目　サンパウロで乗り継ぎ → フォス・ド・イグアスへ
　　　　（ベルモンド ホテル ダス カタラタス泊）
- 3〜4日目　イグアスの滝観光（フォス・ド・イグアス泊）
- 5日目　フォス・ド・イグアス市内を観光し、空港へ
　　　　→ サンパウロで乗り継ぎ →（機中泊）
- 6日目　アメリカ国内で乗り継ぎ →（機中泊）
- 7日目　成田着

迫力満点のイグアスの滝

おすすめの季節

12月から2月

一年中観光はできるが、水量が増えるのは雨季の12〜2月で、滝の迫力も増す。現地は夏の時期で、最高気温も30℃を超えることも多いので、暑さ対策と日焼け対策はしっかりしておこう。

旅の予算

約26万円から

ベルモンド ホテル ダス カタラタスの宿泊料金は1泊約4万2000円〜。予約は公式サイト（日本語）より可能。フォス・ド・イグアス市内の宿泊料金は約5000円〜。

旅のポイント

ホテル前から滝へ続く遊歩道を歩いて、最大落差80m以上という滝観光のハイライト「悪魔の喉笛」が見える展望台へ行くだけでも満足感はある。しかし、ここまで来たら、ホテルがアクティビティとして提供している、しぶきを浴びるほど滝に近づくボートツアーやヘリコプター遊覧飛行なども体験したい（有料）。

MORE FUN! +αのお楽しみ

熱帯雨林が広がるイグアス国立公園には、野生動物やさまざまな蝶が生息しているので、宿泊客のみが楽しめるウォーキングツアーに参加しても。他にも公園には、エコツアーなど多様なアクティビティがある。滝のエネルギーを感じながら施術を受けられるホテルのスパもおすすめ。

間近で滝を感じながらディナータイム！

公園内では、オニオオハシなど400種類以上の野生の鳥が棲息。

おまけネタ　空港のあるフォス・ド・イグアス市には、ブラジルとパラグアイの国境を流れるパラナ川につくられた、世界最大級の発電量を誇るイタイプ・ダムや、野鳥公園、ブラジルとアルゼンチンとパラグアイの国境、仏教寺などの観光スポットもある。

絶景 18 アイルランド
アシュフォード キャッスル

鎧の騎士が夢に現れそう！
古の面影が残る中世の城

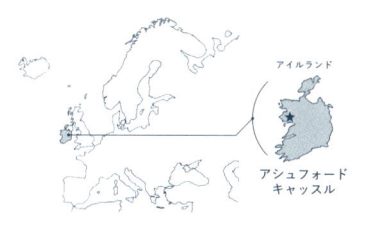

絶景への ご案内

- Cong, County Mayo, Ireland
- +353 94 9546003
- http://www.ashfordcastle.com/（公式サイト）
  http://www.LHW.com/ashford（リーディングホテルズ）

ロンドンを経由し、アイルランド西部に位置するシャノン空港へ。そこから北にあるコングを目指して車で移動。アイルランドののどかな風景を見ながらドライブすること約1時間半、石造りの城のアシュフォード キャッスルに到着する。ロビーは品がよく優美な雰囲気。古城の面影を残したまま改装・修復がされており、中世に思いを馳せながら、非日常的な体験ができる。

天蓋付きベッドで お姫様気分

おすすめ！ KAZUさん
訪れたのはもう寒くなり始めた頃。庭園などちょっと寂しい感じはしましたが、それでも周囲の景色のキレイさには感動しました。中世のお城に泊まるなんてめったにできない経験。頑張って奮発した価値はありました。

たとえばこんな旅 ▶ 3泊5日

- 1日目　成田 → ロンドン → シャノン（シャノン泊）
- 2日目　午前　シャノンから車でアシュフォード キャッスルへ
  　　　　午後　自由行動・自転車で周辺を散策（アシュフォード キャッスル泊）
- 3日目　自由行動・コリブ湖のクルージングを楽しむ（アシュフォード キャッスル泊）
- 4日目　シャノン → ロンドン →（機中泊）
- 5日目　成田着

美しいガーデンや 湖を見ながら アフタヌーンティを

おすすめの季節
4月から10月
4〜5月は日本の3月ぐらいの気候。夏の6〜8月は、気温は上がるが30℃を超えることは少なく、夜遅くまで明るいので観光しやすい。9月には早々と秋が訪れ、肌寒い日が多くなる。

旅の予算
約27万円から
アシュフォード キャッスルの宿泊料金は1泊約4万円〜。予約は公式サイト（英語）やリーディングホテルズのサイト（日本語）より可能。シャノンの宿泊料金は1泊約7000円〜。

旅のポイント
古城アシュフォードは、ホテルそのものが見どころ。コリブ湖畔に静かなたたずまいを見せる外観。重厚なインテリアの城内には、長い歴史を感じさせる家具や調度品の数々、絵画がいたるところに飾られている。また、過去に滞在した国賓や著名人などの写真などを展示したギャラリーもある。

鷹狩りにチャレンジ！ 尾羽が13枚ある雌鷹の 「ジョイス」が人気

普段体験 できないことが 盛りだくさん！

MORE FUN! +αのお楽しみ
乗馬、フライフィッシングやアーチェリー、クレイ射撃、鷹狩りなど多数のアクティビティがある。インストラクターが付くので初心者も十分に楽しめる。敷地内には広大なゴルフコースもあり、宿泊者は無料でプレイができる。また、コリブ湖をクルージングしたり、馬車で周辺を散策するのも楽しい。

おまけネタ　英国の国王ジョージ5世、レーガン元合衆国大統領、ビートルズのジョン・レノンなど、世界中の国賓やセレブが滞在したことでも有名。ジョージ5世の訪問を記念してつくられた「ジョージ5世ダイニングルーム」では、美しいシャンデリアの下、優雅な気分でディナーを食べられる。

絶景 19　W リトリート コーサムイ　タイ

タイ南部サムイ島にある、ファッショナブルなデザインのホテル。特に共有スペースの「Wラウンジエリア」は、タイ湾に続くように設計された池の中に円形のソファーがあり、まるで船に乗っているような気分を味わえる。施設内のあちこちに「W」のオブジェがあり、夜のライトアップも人気。

絶景 20　マリーナ ベイ サンズ　　シンガポール

シンガポール南部にある総合リゾートホテル。地上200m、57階建ての3つのホテル棟をつなぐように、「スカイパーク」と呼ばれる屋上庭園がある。そこには、この高さにあるプールとしては世界最大の全長150mのインフィニティプールがあり、まるで空中を泳いでいるかのような体験ができる。

絶景 19 タイ
Wリトリート コー サムイ

あちこちにある「W」に出会うたびにWakuWaku

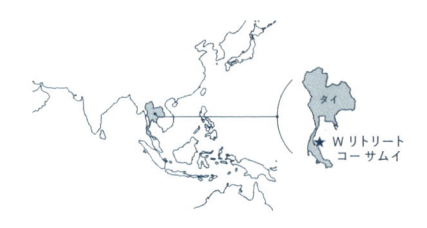

絶景へのご案内

4/1 Moo 1 Tambol Maenam, Koh Samui, Surat Thani 84330, Thailand
+66 7791 5999
http://www.starwoodhotels.com/whotels/property/overview/index.html?propertyID=3058&language=ja_JP

部屋から海が一望できる

バンコクのスワンナプーム国際空港からサムイ島の空港までは、飛行機で約1時間。空港からは車で、右手に海を眺めながら、ルート4171、4169を経由して15分ほど西へ進む。右折すると、小高い岬の上にホテルのエントランスが見えてくる。ロビー・ラウンジからはタイ湾の絶景が望め、リゾート気分が一気に高まる。建物やインテリアなどのスタイリッシュなデザインも魅力的。

おすすめ！
すみれ草 ym-poco さん

スタッフはみなさん、笑顔でとっても誠実で、親しみやすい上品さを感じました。「オーシャンフロントヘイブン」のお部屋は、午後になるとデッキとプールが日陰になるので、ガンガンの直射日光を浴びずに、外でくつろぐのには最適でした。敷地全体でいうと、私たちが滞在した時点ではまだ建設途中の部分も視界に入ってきましたが、おしゃれで上品、大人の遊び心があちこちにちりばめられていて、快適でした。

たとえばこんな旅 ▶ 2泊5日

1日目	成田 → バンコクで乗り継ぎ → （機中泊）
2日目	サムイ島の空港 → 車でWリトリート コー サムイへ（Wリトリート コー サムイ泊）
3日目	ホテルでのんびり → 車で移動 → サムイ島の空港 → バンコク（バンコク泊）
4日目	バンコク観光 → バンコク → （機中泊）
5日目	成田着

緑に包まれたビーチサイドのホテル

おすすめの季節

12月中旬 から 5月初旬

12～2月は穏やかな気候で、サムイ島観光のベストシーズン。3～5月は海の色が美しいので、景色を楽しむなら、この時期がベスト。日差しは強いので、帽子や日焼け止めを忘れずに。

旅の予算

約17万円から

Wリトリート コー サムイの宿泊料金は1泊約7万7000円～。予約は公式サイト（日本語）より可能。バンコクのホテルの宿泊料金は1泊約5000円～。

旅のポイント

一年中泳げるWビーチで"海の時間"を楽しんだり、開放感たっぷりの屋外インフィニティプールでひとときを過ごしたりするのも一興。アクティビティで、トランポリン、ジャイアントウォーターボールなど、スリル満点のウォータースポーツも体験できる。

MORE FUN! +α のお楽しみ

アクティブ派なら、ヨガセッションやタイ式ボクシングコースに挑戦してみるのもいい。のんびり派には、アジアのリゾートで唯一、このホテルだけが提供しているメキシコ式タイマズカル風セラピーがおすすめだ。

「タイマズカル」とはハーブサウナのこと

無料で使える屋外テニスコートもある

おまけネタ サムイ空港内にはカフェやショップが並ぶ、南国情緒あふれる屋外の遊歩道があるので、飛行機の待ち時間にぶらぶらしてみては。また、スパもあって伝統的なタイマッサージも受けられる。旅の疲れをいやすのにぴったり！

絶景 20　シンガポール
マリーナ ベイ サンズ

THE インフィニティプール
絶景ホテルの代表格！

絶景へのご案内

- 10 Bayfront Avenue Singapore 018956
- +65 6688 8888
- http://jp.marinabaysands.com/

チャンギ国際空港からマリーナ ベイ サンズまでは約20km。車に乗り、渋滞がなければ20分ほどで到着する。海岸沿いのイースト コースト パークウェイを抜け、マリーナ湾にかかるベンジャミン シアーズ橋に近づくと、奇抜なデザインのホテルが見えてくる。また、MRT（電車）、バス、水上バスなどからもアクセスでき、シンガポール観光に便利。客室はシックで落ち着いたインテリアで、広い窓からは美しい景色が望める。

シティビューの客室からはシンガポールの町並みが

おすすめ！ Ochocoさん
屋上のスカイパークのインフィニティプールはスゴイ！水面の向こうに空とシティスカイラインの絶景が広がり、まるで空を泳いでいるようでかなりドキドキします。ちなみにプールは宿泊者しか利用できません。

たとえばこんな旅 ▶ 1泊4日

- 1日目　羽田 →（機中泊）
- 2日目　シンガポール 自由行動・シンガポール観光 （マリーナ ベイ サンズ泊）
- 3日目　自由行動・ホテル内を散策 → シンガポール →（機中泊）
- 4日目　羽田着

屋上に乗り上げた客船のよう！

女子好みなプラナカン雑貨

おすすめの季節
4月から9月
赤道直下にあるシンガポールは、年間の気温差があまりなく、日中の平均気温は31℃で湿度も高い。11月ごろからはモンスーンが吹き、降雨量も増える。4〜9月の乾季は若干、降雨量が下がる。

旅の予算
約9万円から
マリーナ ベイ サンズの宿泊料金は1泊約3万7000円〜。予約は公式サイト（日本語）より可能。

旅のポイント
マリーナ ベイ サンズは、ショッピングモール、カジノ、劇場、博物館、スパ、ファインダイニングなどを擁する複合施設。また360度見渡せる最上階からのシンガポールの風景は圧巻。深夜まで開いている「ク・デ・タ」で、お酒を飲みながら見る夜景の美しさは格別。

+α のお楽しみ
ホテル内プロムナードのイベントプラザでは毎晩2回（金・土曜日は3回）、レーザーと水、音楽による15分の幻想的なショーが開催される。また、ホテルからシンガポールの町へは水上タクシーの利用もおすすめ。マーライオンや夜遊びスポットのクラークキー他などにアクセスできる。

ショッピングモール内には水路が！サンパン船に乗って移動

©Marina Bay Sands

政府公認マーライオンは市内に5頭。探してみて。

おまけネタ
マレー半島は、古くから交易で栄えていた土地。中国などから交易のためにやってきた男性とマレーの女性が結婚し、生まれた子孫・プラナカンは、料理、工芸品、建物などに独自の文化を築いてきた。カトン地区などではパステルカラーのかわいいプラナカン建築を見学できる。

絶景 21　タージ レイク パレス　インド

インド北西部・ウダイプルのピチョラ湖に浮かぶホテル。湖岸から専用の船でホテルへと渡る。18世紀にマハラナの避暑地として建てられた宮殿を改装してつくられており、白亜の外観はもちろん、ガラス細工やアンティーク家具で飾られた内装も美しい。映画『007 オクトパシー』のロケ地としても知られる。

絶景 21　インド
タージ レイク パレス

湖上の宮殿ホテルで過ごす
ミステリアスな夜

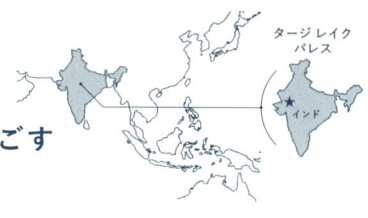

タージ レイク パレス / インド

絶景へのご案内

- P.O. Box 5, Lake Pichola, Udaipur, 313001 Rajasthan, India
- +91 294 2428800
- http://www.tajhotels.com/luxury/grand-palaces-and-iconic-hotels/taj-lake-palace-udaipur/overview.html

ウダイプル空港から車に乗り、西に向かってひたすら走ること約30分、ピチョラ湖畔のホテル専用の船着場に到着。船着場からは、湖に浮かぶ白亜の宮殿ホテルが見える。ボートに乗り換え、ホテルに向かって出発。桟橋では赤いユニフォームを着たベルボーイが出迎えてくれる。さらにエントランスに向かう途中には、空から花びらのシャワーという演出もあり、これからはじまるホテル滞在への期待感が、さらにふくらむ。

部屋ごとにインテリアが異なります

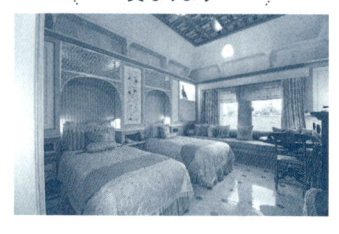

💬 **おすすめ！まったりトラベラーさん**
湖の上に浮かぶ白亜の宮殿には、宿泊客しか立ち入ることはできないため、奮発して泊まってきちゃいました！部外者は入れず中庭やレストランも静かでまったりできました！ゲストを飽きさせないイベントやアクティビティなども充実。

たとえばこんな旅 → 2泊5日

- 1日目　成田 → アジアで乗り換え → (機中泊)
- 2日目　デリー → ウダイプルへ・タージ レイク パレス内を散策する(タージ レイク パレス泊)
- 3日目　自由行動・ウダイプル観光(タージ レイク パレス泊)
- 4日目　自由行動・ウダイプルのバザールを楽しむ → デリー → (機中泊)
- 5日目　アジアで乗り換え → 成田着

シンメトリーが美しいコートヤード

おすすめの季節
9月から3月
旅行には、比較的涼しく過ごしやすい9〜3月がおすすめ。3〜6月の夏季は気温、湿度ともに高く、7月に入るとモンスーン期となり、雷を伴った激しい雨に見舞われることもある。

旅の予算
約23万円から
タージ レイク パレスの宿泊料金は1泊約7万6000円〜。予約は公式サイト(英語)より可能。

旅のポイント
1754年にマハラナのジャガット・シン2世が建てた夏の王宮を、外観はそのままに内部を改装したホテル。外観だけでなく、優美なインテリアや細やかなバトラーサービスなど、王族のような気分が味わえる。なお、インドでは各地でテロや犯罪などが発生。最新の情報を確認のうえ、巻き込まれないように注意を。

湖の上でプライベートダイニングも♡

これがスパ・ボートのバスタブ

+α のお楽しみ (MORE FUN!)
クルージングしながら施術を受けられる「ジバ・スパ・ボート」はセレブ感がいっぱい。スパメニューはインドの伝統的なアロマテラピーやボディトリートメントなど。オープンデッキにはバスタブもあり、バスにつかってサンセットや夜空を見ながらシャンパンなどのお酒も楽しめる。

©Taj Hotels Resorts&Spas

おまけネタ
ウダイプル観光の一番人気はシティパレス。現在もマハラナが住み、一部は博物館として公開、また一部をホテルとして使っている。細密画やステンドグラス、絢爛豪華な内装や調度品からはマハラナの絶大な富と力がうかがい知れる。上部のテラスから見る旧市街地の景観は必見。

わたしが行った絶景ホテル
②

ヘリタンス カンダラマ（スリランカ）

text：詩歩

絶景ホテルと聞いてみなさんが思い浮かべる場所、それはシンガポールのマリーナ ベイ サンズ（p53）の、地上200m地点にあるインフィニティプールだと思います。インフィニティプールとは、柵や手すりなどがなく、人工的なプールと自然の光景があたかも無限に（=infinity）つながって見えるようにつくられたプールを意味します。さて、このインフィニティプール、一番はじめにつくった人をご存知でしょうか？

その名はジェフリー・バワ（1919-2003）。スリランカを代表する世界的な建築家です。今ではバワの設計したホテルに泊まるために、世界中を回る人もいるほど。

これが元祖・インフィニティプール！ 奥がカンダラマ湖。

さて、今回「ホテル編」をつくるにあたり、元祖インフィニティプールを見なければ！……そう思い、2015年の新年早々、スリランカに行ってきました。
彼の代表作のひとつが、「ヘリタンス カンダラマ」。スリランカのほぼ中心部、世界遺産で有名な遺跡・シーギリヤから車で約1時間の距離です。

周囲に何もないカンダラマ湖畔に立つホテル。"自然に帰化する"をコンセプトに、奥深いジャングルの中に、自然の景観を取り込んだ形で建てられています。7階建てで横幅はなんと1km以上。外から見ると緑に包まれていて、その全景を確認するのが難しいほどです。

タクシーを降りて、まずびっくり。ホテルの看板はおろか、ホテルの入口となる扉がないのです。自然の風を感じながらチェックインをするなんて、はじめての体験でした。
そして中に案内されると、またまたびっくり。通路には、わたしの背丈をはるかに超える岩が、遠慮なく壁からはみ出しているんです！ 2日間の滞在中には、この通路だけでなく、レストランやエレベーターホールなど、至るところでこの光景が見られました。
ドアを設置せず、自然と人口の間の境界線をなくす、岩を取り除かずに、あえてデザインの一部に取り入れる……"自然に帰化する"というコンセプトをホテルに入った瞬間から感じました。

よく晴れた翌日。シーギリヤロックが遠くに見えるレストランで朝食をとった後、いよいよインフィニティプールとご対面です。
受付と同じ階にあるインフィニティプール。それは想像よりもコンパクトでしたが、想像よりも深く（2m以上）、自然と共生しているプールでした。バワが愛した木陰がプールを囲み、日差しが強い中でも人間が快適に過ごせるようなデザイン。そして湖との境目がわからないくらいシームレスにつくられたプールのフチ。まるで自分が湖にぷかぷか浮いているかのような、心地よい時間を過ごすことができました。

背丈を超える高さの巨石。圧倒的な存在感を発揮しています。

自然を無視した建築は、やがて環境を破壊し、人間の破壊へとつながります。ホテルという人工的なものであっても、物理的にも精神的にも自然と共存するような形をつくれるのだと、考えさせられた2日間でした。

ヘリタンス カンダラマ
HERITANCE KANDALAMA,
PO BOX 11, DAMBULLA, SRI LANKA
+94 66 5555 000
http://www.heritancehotels.com/kandalama/
（英語）

この絶景コラムをカラーで見よう！ 詩歩公式Blog「Shiho and…」でカラー写真を公開中！ http://shiho.me/644

絶景 22　インディアン パシフィック　　オーストラリア

オーストラリア大陸を横断する長距離列車。シドニーからパースまでの4352kmを3泊4日で走破する。窓の外には世界遺産のブルーマウンテンズやナラーバー平原など壮大な景色や野生動物が見られ、途中駅では停車時間を利用した様々なオプショナルツアーが企画されている。運行頻度は週2回程度。

絶景 23 　青蔵鉄道　　中華人民共和国／チベット

中国青海省の西寧と、チベット自治区のラサをつなぐ寝台列車。約2000kmを丸一日かけて走る。最高通過地点は標高約5072mで、世界で最も高い場所を走る列車である。車窓からは7000m峰のニェンチンタングラ山脈やどこまでも広がる草原など、チベットの雄大な景観が流れ、見飽きない。

絶景 22 オーストラリア
インディアン パシフィック

カンガルーにこんにちは(^^)/
車窓から目が離せない！

絶景へのご案内

📍 Eddy Avenue, Haymarket, Sydney NSW, Australia（セントラル・ステーション）
📞 61-7-4031-2600
🌐 http://www.gsr-japan.com/site/indian_pacific/index.jsp.html

シドニー空港の到着ロビーを出て、右側奥に進み地下に下りると電車（エアポート・リンク）の空港駅がある。電車に乗り、インディアン パシフィックが発着するセントラル・ステーションまで移動する。所要時間は約10分。電車のチケットは当日購入でもOK。出発する1時間前までにはチェックインを済ませたい。ステーション中央部のグランドコンコースには売店やレストランがあり、出発までコーヒーなどを飲みながら待つことができる。

食堂車でディナータイム

🔊 おすすめ！
Chizuru さん
走っても走っても何にもない景色が逆に面白い。カンガルーや羊、牛、ラクダも車窓から見えました。夜も意外と眠れ、バスなんかよりよっぽど快適でした。準備万端で臨めば座席のみのレッドでも十分楽しめます。時間があるならおすすめですよ。

たとえばこんな旅 ▶ 3泊6日

1日目	成田 → 香港乗り継ぎ →（機中泊）
2日目	シドニー → インディアン パシフィックに乗車（インディアン パシフィック泊）
3日目	アデレードでオプショナルツアーに参加（インディアン パシフィック泊）
4日目	カルグーリでオプショナルツアーに参加（インディアン パシフィック泊）
5日目	パース → 香港乗り継ぎ →（機中泊）
6日目	成田着

車窓から大空を舞うオナガイヌワシが見られるかも！

おすすめの季節
9月から5月
南半球にあるオーストラリアは、日本とは季節が逆。春から秋がベストシーズンとなる。インディアン パシフィックが走る各都市は温帯気候に属し、四季はあるが冬でもそれほど寒くない。

旅の予算
約23万円から
インディアン パシフィックの運賃は、レッド（座席）が約8万8000円～、ゴールド（寝台）約23万6000円～、プラチナ（寝台）約38万円～。予約は公式サイト（日本語）から可能。上記はレッドの場合の旅の予算。

旅のポイント
プラチナやゴールドは豪華な食堂車やラウンジが利用できる。レッドは軽食を出すダイナーを利用できるが、乗車前に食料を調達しておくとよい。水は給水器があり、いつでも飲める。また、シャワーも利用でき、石けん・タオル類も用意されている。座席以外にもレッド専用のラウンジカーもあり、足を伸ばしてくつろげる（有料）。

+α のお楽しみ
シドニーからパースまでの途中の各停車駅で、出発するまでの時間を利用して観光地を訪れるオプショナルツアー（有料）がある。ブロークンヒルはギャラリーなど、アデレードは市内の主要な観光地、カルグーリでは金鉱や金と共に歩んだ町の歴史が見学できる。予約は車両のスタッフ、乗務員に。

クック駅にある標識。東の端シドニーから西の端パースまでオーストラリア横断を実感！

ゴールド・サービスの寝台車両

おまけネタ
オーストラリアでは国内にも時差がある。10月の第1日曜から4月第1日曜まで、インディアンパシフィックの走るニューサウスウェルズ、ビクトリア、南オーストラリアの各州ではサマータイム（通常の時間＋1時間）が実施される。停車駅で降りて自分で観光する際は出発時間を間違えないように。

絶景 23　中華人民共和国／チベット
青蔵鉄道

野を越え山越え谷を越え
線路は続くよどこまでも

絶景へのご案内

🏠 中華人民共和国青海省西寧市城東区建国路（西寧駅）
🌐 http://info.tibet.cn/zt2006/qztl/qtly/

西寧曹家堡（せいねいそうかほ）空港から青蔵鉄道の起点となる西寧駅までは、車で約35分。青海省の省都である西寧市は、古くはシルクロードの南ルートといわれる唐蕃（とうばん）古道の要衝として栄えた町だ。西寧駅から深緑色の青蔵鉄道に乗り込み出発。席は2段ベッドと3段ベッドの寝台席、座席の3種類。食事は食堂車でとることができ、車内でお弁当も販売されている。移り変わる景色を眺めているうちに、終点のラサに到着する。

> 青蔵鉄道はこの青海湖の北側を走っています！

© 中国国家観光局（大阪）

おすすめ！ さららさん
乗りましたよ〜！　最近はチケットとるのが大変なのだそうですね。車内でも高山病にかかるリスクがあるため、加圧＆酸素供給区間がありました。お食事もとってもおいしかったです(^^)

たとえばこんな旅 ▶ 4泊6日
- 1日目　成田 → 西安で乗り継ぎ（空港泊）
- 2日目　西安 → 西寧
→ 西寧駅から青蔵鉄道乗車（青蔵鉄道泊）
- 3日目　ラサ着（ラサ泊）
- 4日目　ラサを観光（ラサ泊）
- 5日目　ラサ → 飛行機で北京へ（北京泊）
- 6日目　北京 → 成田着

> 西寧の名物はヨーグルト

> ダライ・ラマの宮殿、ポタラ宮は世界遺産！

おすすめの季節
5月から10月
観光シーズンは初夏から初秋。山々は緑に染まり、草原は草花が美しい。ただし、昼と夜の寒暖差が激しいので、夏でも羽織るものは用意しよう。太陽光の影響を受けやすい高地なので、日焼け対策はしっかりと。

旅の予算
約31万円から
現在、外国人がチベット自治区を旅する場合、旅行会社のツアーに参加するか、旅行会社でツアーをアレンジしなければならない。ツアー料金は約18万円〜。北京のホテルの宿泊料金は1泊約5000円〜。

旅のポイント
青蔵鉄道は標高4000mを越える高地を走るため、高山病が心配される。列車内では気圧を低地の約80％に設定しているほか、酸素吸引設備も整えているが、旅行前は体調を万全にし、高所では深い呼吸を続ける、水分補給を十分にするなどの対策を心がけよう。なお、現在チベットは危険情報が出ているので、渡航の際は状況確認を。

+α のお楽しみ
終点のラサは、チベット自治区の首都。1300年以上の歴史を刻む古都で、ラサの象徴ともいわれる「ポタラ宮」、世界遺産にも登録された「ジョカン（大昭寺）」、ダライ・ラマの離宮「ノルブリンカ」など、見どころは多い。また、ラサ郊外にあるチベット三大聖湖のひとつ、ヤムドク湖もぜひ訪れたい。

> ジョカンの屋根に輝く法輪と2頭の鹿は寺のシンボル

> 車窓の向こうには草を食むヤクの群れも！

おまけネタ　西寧市の南西約25kmの湟中には、チベット仏教ゲルク派（黄教）の開祖ツォンカパの出生地であり、ゲルク派の六大寺院のひとつとして知られるタール寺がある。広大な敷地に立ち並ぶ、中国とチベットの伝統芸術が融合した建物群は見応え十分。

絶景 24　　ミュージアム ホテル　　トルコ

トルコ中央部、カッパドキアで最も標高が高い村に建てられたホテル。古くは要塞として使用された、洞窟の形状を利用した建物は部屋ごとに内装が異なり、個性的。ホテルからはアナトリア高原を一望でき、朝日とともに飛び立つ気球を見物できる。近くには「世界遺産にある唯一のゴルフ場」もある。

絶景 25　アルト アタカマ デザート ロッジ&スパ　　チリ

チリ北部、世界で最も美しい星空が見られると言われるアタカマ砂漠にあるホテル。周囲の自然に溶け込むようにデザインされ、建築には地元の職人が携わっている。夜には空一面に輝く星に照らされ、また早朝には日の出とともに色が変わる砂漠の様子を間近に眺めることができる。

絶景 24 トルコ
ミュージアム ホテル

ふわふわ浮かぶ気球に
わたしの気分も上昇中！

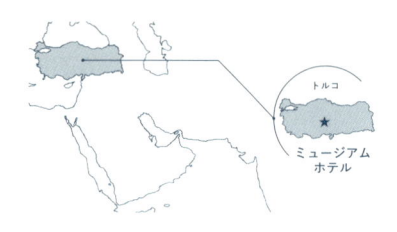

絶景への ご案内

Tekelli mah. No.1, Uçhisar 50240, Nevşehir, Cappadocia, Turkey
+90 384 219 2220
http://www.museum-hotel.com

標高1000mを超えるアナトリア高原。その中央部に位置するカッパドキアは世界遺産に登録されているエリアで、奇岩群で知られる。イスタンブールから飛行機で約1時間25分、カッパドキアのネヴシェヒル空港に到着する。そこから車に乗って約40分、ウチヒサールにあるホテルに到着する。自然の洞窟を利用してつくられたホテルは見晴らし抜群。ホテル内は貴重なアンティークが集められ、まさに「ミュージアム」に滞在しているかのよう。

岩の要塞の頂上にあるレストランからはアナトリア高原が一望！

おすすめ！ CHACOさん
洞窟というとても原始的な"建物"と、美しいトルコじゅうたんやキリムを贅沢に使ったインテリアとのコントラストが素敵。初めて見る奇岩群は、とにかく感動のひとことです！　素朴な人々との触れあいも楽しかったですよ。

たとえばこんな旅 ▶ 2泊5日

1日目	成田 →（機中泊）
2日目	イスタンブール → カッパドキア（ミュージアム ホテル泊）
3日目	熱気球ツアーなどアクティビティを楽しむ（ミュージアム ホテル泊）
4日目	乗馬などアクティビティを楽しむ → イスタンブールで乗り継ぎ →（機中泊）
5日目	成田着

岩をくり抜いてつくられた客室

おすすめの季節
4月から9月

夏は暑く乾燥している。高地で日差しが強いため、サングラスや日焼け止めは必携。昼夜の寒暖の差が大きいので、夏でも長袖のジャケットやカーディガンは用意していこう。

旅の予算
約17万円から

ミュージアム ホテルの1部屋の宿泊料金は1泊約2万7000円〜。予約は公式サイト（英語）より可能。

旅のポイント

おすすめは奇岩群を眺めながら、伝統的なトルコ料理を楽しむことができる「リラ レストラン」での食事。なお、トルコは人口の99％がイスラム教徒の国なので、極端に肌を露出した服装は避けたい。肌の露出が多いとモスクなどに入れない場合もある。女性は大きめのスカーフを1枚持っていくと便利。

+α のお楽しみ
ホテルでは、熱気球での空中散歩や乗馬などのアクティビティから、ギョレメ オープン ミュージアムやウチヒサール城、地下都市などをめぐるツアーまで、さまざまな楽しみ方を提案している。唯一無二の風景や文化、歴史をたっぷりと堪能しよう。

熱気球が手に届きそう♪

ユニークな岩がニョキニョキ！

おまけネタ　カッパドキア名物の「テスティ・ケバブ」は、素焼きの壺に肉のシチューを入れて石窯でじっくり蒸し焼きにした料理。濃厚な味わいのシチューは食べごたえがあり、目の前で壺を割るパフォーマンスも楽しい。カッパドキアへ行ったら、ぜひお試しを！

絶景 25 チリ
アルト アタカマ デザート ロッジ＆スパ

自然と建築が融合した
変化し続ける芸術ホテル

**絶景への
ご案内**

- Camino Pukará s/n, Suchor, Ayllú de Quitor, San Pedro de Atacama, Chile
- +56 2 2912 3910
- http://www.altoatacama.com/

カラマにあるエルロア空港から車でルート23号に乗り、赤茶色がかった砂漠を見ながら、南東へひたすら直進する。1時間50分ほど走ると、山肌の赤土に建物が同化しているような不思議な風景のアルト アタカマ デザート ロッジ＆スパが見えてくる。景観を重視して設計された部屋からは、美しい砂漠やダイナミックな渓谷を望む。地域文化とのつながりをコンセプトに掲げ、地元の工芸品が随所に飾られた内装はあたたかみのある雰囲気。

**部屋からは丘
または庭が見える**

**行きたい！
詩歩**
砂漠の醍醐味は、やはり朝日が登ってから沈むまで、砂漠の1日の表情の変化を眺めること。多様なアクティビティも魅力的だけれど、ホテルでゆっくりする日もつくりたいなぁ。

たとえばこんな旅 ▶ 2泊6日

1日目	成田 → アメリカ国内で乗り換え → （機中泊）
2日目	サンティアゴ → 国内線に乗り換えカラマへ → 車でアルト アタカマ デザート ロッジ＆スパへ （アルト アタカマ デザート ロッジ＆スパ泊）
3日目	自由行動・周辺のトレッキングを楽しむ （アルト アタカマ デザート ロッジ＆スパ泊）
4日目	カラマ → サンティアゴ → （機中泊）
5日目	アメリカ国内で乗り換え → （機中泊）
6日目	成田着

**満天の星を
見よう**

おすすめの季節
6月から9月
アタカマ砂漠は一年中気候に変化がない。また降雨量が少ないことから、世界屈指の乾燥した砂漠とも呼ばれる。年間を通し日差しが強いが、昼夜の寒暖の差も大きい。比較的しのぎやすい6～9月がおすすめ。

旅の予算
約34万円から
アルト アタカマ デザートロッジ＆スパの宿泊料金は1泊約5万1000円（朝食込）～。予約は公式サイト（英語）より可能。

旅のポイント
全室に設けられたプライベートバルコニーから、サハラ砂漠やゴビ砂漠に肩を並べるといわれる、壮大なアタカマ砂漠を見ることができる。施設内の食事代がすべて含まれる、オールインクルーシブの宿泊プランもある。また、事前にリクエストすれば、空港からホテル間の送迎もしてくれる。

**MORE FUN!
+αのお楽しみ**
有名な観光スポットの月の谷や、フラミンゴが集まるチャクサ湖へのドライブツアー、トレッキングツアー、マウンテンバイクなどのアクティビティが楽しめる。ホテルに戻ったらプールやスパで休息を。また地元の職人たちがつくったタペストリーや彫刻などのホテルを彩る工芸品も一見の価値がある。

**驚きの風景
ここは地球？**

**ちょっと走ったら
こんな景色も**

おまけネタ
デザート ロッジ近郊の町、サンペドロ デ アタカマは1540年につくられたチリで最も古い町。この辺りで発掘された石器時代の道具、インカ文明の影響を受けた陶器など30万点を所蔵する考古学博物館や、インカ数学に基づいて構築された「インカの家」などの観光スポットがある。

絶景 26　アナンタラ カスール アル サラブ デザート リゾート　アラブ首長国連邦

アラブ首長国連邦南部、世界最大級の砂砂漠であるルブアルハリ砂漠に位置するリゾートホテル。時間とともに表情を変える美しい砂丘を、すべての部屋から見ることができる。周囲を砂漠に囲まれているが、敷地内にはプールやテニスコートなど様々な施設が完備されている。

絶景ホテル　ベストシーズンカレンダー

*このカレンダーはだいたいの目安であり、実際はその年の気候によって変動する可能性もあります。実際に行く前に、現地の状況をご確認ください。

地域	絶景 No.	page	国	ホテル名	ベストシーズン
ヨーロッパ	絶景 32	088	アイスランド	ホテル ランガ	9～3月
ヨーロッパ	絶景 18	049	アイルランド	アシュフォード キャッスル	4～10月
ヨーロッパ	絶景 55	144	イギリス	バーンズリー ハウス	7～9月
ヨーロッパ	絶景 15	041	イタリア	フォーシーズンズ ホテル フィレンツェ	3～11月
ヨーロッパ	絶景 48	128	イタリア	プレンディパルテの塔	4～5月、9～10月
ヨーロッパ	絶景 42	113	イタリア	レ シレヌーゼ	5～7月、9～10月
ヨーロッパ	絶景 16	044	ギリシャ	アシュタルテ スイーツ	6～9月
ヨーロッパ	絶景 07	021	ギリシャ	アンドロニス ラグジュアリー スイーツ	6～9月
ヨーロッパ	絶景 50	132	スイス	ザ・カンブリアン	12～3月、5～9月
ヨーロッパ	絶景 29	077	スイス	チューゲン グランド ホテル	12～3月、7～9月
ヨーロッパ	絶景 35	096	スイス	ベルクガストハウス エッシャー	5～10月
ヨーロッパ	絶景 28	076	スウェーデン	ツリーホテル	6～8月
ヨーロッパ	絶景 41	112	フランス	シャングリ・ラ ホテル パリ	4～10月
中東	絶景 26	068	アラブ首長国連邦	アナンタラ カスール アル サラブ デザート リゾート	11～3月
中東	絶景 24	064	トルコ	ミュージアム ホテル	4～9月
アフリカ	絶景 05	017	エジプト	メナ ハウス ホテル	3～4月、10～11月
アフリカ	絶景 09	028	ケニア	ジラフ マナー	通年
アフリカ	絶景 08	024	ケニア	ロイサバ ウィルダネス	7～9月
アフリカ	絶景 06	020	ナミビア	アンドビヨンド ソススフレイ デザート ロッジ	4～6月
アフリカ	絶景 14	040	モロッコ	カスバ タマドット	3～5月、10月
アジア	絶景 21	056	インド	タージ レイク パレス	9～3月
アジア	絶景 46	124	インドネシア	ヴァイスロイ・バリ	4～9月
アジア	絶景 39	108	韓国	サンクルーズ リゾート アンド ヨット	5～10月
アジア	絶景 20	053	シンガポール	マリーナ ベイ サンズ	4～9月
アジア	絶景 10	032	タイ	アナンタラ ゴールデン トライアングル リゾート＆スパ	11～2月
アジア	絶景 12	036	タイ	ソネバ キリ	10～4月
アジア	絶景 02	012	タイ	ラヤバディ	11～3月
アジア	絶景 19	052	タイ	W リトリート コー サムイ	12月中旬～5月初旬
アジア	絶景 38	104	中華人民共和国	インターコンチネンタル香港	新年・旧正月

本書に掲載している全58件の絶景ホテルのベストシーズンをカレンダーにまとめました。「今度の休みはどこに行こう？」「このホテルに行くのはいつがいい？」など、旅のプランを考える際に、ぜひご活用ください！

地域	絶景No. / page	国・地域	ホテル名	ベストシーズン
アジア	絶景 40 / page 109	中華人民共和国	グランド ハイアット 上海	3～5月、9～11月
	絶景 37 / page 100	中華人民共和国	ジェイド スクリーン タワー ホテル（黄山玉屏楼賓館）	7～9月
	絶景 23 / page 061	中華人民共和国／チベット	青蔵鉄道	5～10月
	絶景 03 / page 013	フィリピン	デドン アイランド	通年
	絶景 11 / page 033	ベトナム	アン ラム ニン ヴァン ベイ ヴィラズ	3～4月
	絶景 04 / page 016	モルディブ	アンサナ イフル	1～4月
	絶景 43 / page 116	モルディブ	イター アンダーシー レストラン	1～4月
日本	絶景 51 / page 136	北海道	ザ・ウィンザーホテル洞爺 リゾート＆スパ	5～10月
	絶景 58 / page 152	新潟県	赤倉観光ホテル	通年
	絶景 53 / page 140	東京都	ザ・プリンス さくらタワー東京	3月中旬～4月中旬
	絶景 47 / page 125	長野県	星のや軽井沢	通年
	絶景 54 / page 141	静岡県	日本平ホテル	通年
	絶景 52 / page 137	大分県	杉乃井ホテル	通年
オセアニア	絶景 22 / page 060	オーストラリア	インディアン パシフィック	9～5月
	絶景 13 / page 037	オーストラリア	デインツリー エコロッジ＆スパ	5～11月
	絶景 56 / page 145	ニュージーランド	ミルブルック リゾート	11～3月
	絶景 01 / page 008	フランス領ポリネシア ボラボラ島	セント レジス ボラボラ リゾート	通年
北米	絶景 27 / page 072	アメリカ	クレーター レイク ロッジ	6～9月
	絶景 44 / page 120	アメリカ	ザ・サグアロ パーム スプリングス	3～4月
	絶景 45 / page 121	アメリカ	セント レジス プリンスヴィル リゾート	通年
	絶景 36 / page 097	アメリカ	ワンダーレイク キャンプグラウンド	6～9月
	絶景 57 / page 148	カナダ	フェアモント トランブラン	7～3月
	絶景 30 / page 084	カナダ	ホテル ドゥ グレース	1月～3月
中南米	絶景 25 / page 065	チリ	アルト アタカマ デザート ロッジ＆スパ	6～9月
	絶景 33 / page 092	チリ	エルキ ドモス	11～4月
	絶景 34 / page 093	チリ	オステリア ペオエ	1～3月
	絶景 17 / page 048	ブラジル	ベルモンド ホテル ダス カタラタス	12～2月
	絶景 49 / page 129	メキシコ	ダウンタウン	5～10月
南極	絶景 31 / page 085	南極	フッティルーテン・フラム号の南極クルーズ	10月末～2月

絶景 27　　クレーター レイク ロッジ　　アメリカ

米西海岸オレゴン州のクレーター レイク国立公園内にある唯一のホテル。アメリカで一番深く、河川の出入りがないため透明度が高いクレーター湖のほとりにある。周囲に町がないので、気象条件が揃えば天の川が美しく見える。また湖面が星空を映し出し、頭上にも足元にも星がまたたく。

絶景 26　アラブ首長国連邦
アナンタラ カスール アル サラブ デザート リゾート

赤・朱・紅・緋・丹……
移りゆく"あかいろ"に釘づけ

絶景へのご案内

- 1 Qasr Al Sarab Road, Abu Dhabi, United Arab Emirates
- +971 2 886 2088
- http://qasralsarab.anantara.jp/

アブダビの空港からアナンタラ カスール アル サラブ デザート リゾート（以下、カスール アル サラブ）まで約200km。道中見える景色は延々と続く砂漠。日本からたった12時間ほどのフライトでアラブの国に来たことを実感する。リゾートには渋滞がなかったら約2時間で到着する。窓からは美しい砂漠が広がる豪華なゲストルーム、プールからテニスコートまで充実のレジャー施設。蜃気楼のようなリゾートで非日常的な滞在を楽しもう。

ゲストルームはアラビア風インテリア

おすすめ！
gurimomo さん
砂の模様がきれいできれいで。何枚も写真を撮ってしまいました。

砂漠といえばラクダ！

たとえばこんな旅 ▶ 1泊4日

- 1日目　成田 →（機中泊）
- 2日目　アブダビ → 車でリゾートへ・ラクダに乗ってサンセットトレックを楽しむ（カスール アル サラブ泊）
- 3日目　自由行動・デザートサファリを楽しむ → 夜、車でアブダビへ →（機中泊）
- 4日目　成田着

ホテルの至るところから砂漠を眺められる。

おすすめの季節

11月から3月

4～10月の夏季と、11～3月までの冬季に大きく分けられる。冬は日中20～30℃と快適だが、夏の気温は日中40℃以上の日が続き、50℃を超えることも。

旅の予算

約14万円から

カスール アル サラブの宿泊料金は1泊約5万2000円～（早く予約すると割引になる早割サービスもあり）。予約は公式サイト（日本語）より可能。

旅のポイント

アブダビ早朝着の直行便を利用すると、午前中にはカスール アル サラブに到着する。日本への帰国便は夜遅い出発なので、1泊でも2日間はたっぷり砂漠を楽しめる。体力自慢の人は弾丸旅行も可能。

+αのお楽しみ

併設されるレストラン「アルファラジ」では、10月から3月限定でベドウィン族のスタイルで郷土料理が楽しめる。料理はベドウィン風の白身魚の酸味ソースがけや、鶏肉と米が入ったアラビア風鍋料理など珍しいものばかり。またリゾート内で水タバコも体験できる。

水タバコ、試してみる!?

四駆で砂漠を疾走！

おまけネタ　スークとは市場のこと。アブダビ市街は夜遅くまで営業しているスークが多いので、時間があったらぜひとも立ち寄りたい。ゴールドや香料、スパイス、民芸品、アラビアのコーヒーポットなどから日用品まで並び、アラブならではの空気を感じることができる。

絶景 27　アメリカ
クレーター レイク ロッジ

宇宙ってこんな景色かな？
上下に広がる満天の星空

絶景への ご案内

565 Rim Drive, Crater Lake National Park, OR, USA
+ 1 303 297 2757
http://www.craterlakelodges.com/

メッドフォード空港から車に乗り、ホワイトシティ、イーグルポイントなどの町を通過しながら、62号線を1時間40分ほど走る。マンソン バレー ロードの出口の表示が見えたら降り、北に向かって走ると、湖畔にたたずむ上品なロッジが見えてくる。ロッジに入ると、大きな石造りの暖炉が迎えてくれる。テレビがなく、携帯電話も使えないロッジでは静寂な時間が流れ、何にも邪魔されず、大きな窓から見える雄大な景色を楽しむことができる。

テレビもない シンプルな客室

行きたい！ 詩歩
1度泊まった人が1年後の予約をしていくため、ほぼいつも満室の宿……そう聞くだけで、いますぐ空き部屋を調べたくなっちゃう！　まずは予約できるか調べてから、自分のスケジュールを立てて行こう♪

冷えた体を あたためてくれる 石造りの暖炉

たとえばこんな旅 ▶ 3泊5日

1日目	羽田 → アメリカ国内で乗り継ぎ → メッドフォード（メッドフォード泊）
2日目	車でクレーター レイク国立公園へ移動・湖畔を回るサイクリングに挑戦（クレーター レイク ロッジ泊）
3日目	自由行動・レイククルーズを楽しむ（クレーター レイク ロッジ泊）
4日目	車でメッドフォードへ移動 → アメリカ国内で乗り継ぎ → （機中泊）
5日目	羽田着

おすすめの季節
6月から9月
比較的天気が安定しているのは6～9月。一番暑い7～8月でも平均最高気温が21℃、平均最低気温が5℃ほど涼しい。11～4月は1m以上の積雪があり、12～3月は平均積雪量が2mを超える。

旅の予算
約19万円から
クレーター レイク ロッジの宿泊料金は1泊約2万4000円～。予約は公式サイト（英語）より可能。メッドフォードの宿泊費は1泊約7500円～。

旅のポイント
クレーター レイク ロッジは、クレーター レイク国立公園内にある唯一のホテル。毎年5月下旬から10月半ばまで期間限定でオープンする。71室と客室が少ない上に、訪れた年に翌年の予約を入れるリピーターが多く、ホテルの予約は取りにくい。ロビーとレイクビューの部屋からは、深い青色の美しい湖が望める。

+α のお楽しみ

6月下旬から9月中旬まで、天気の良い日は湖内を船で巡るツアーが実施される。湖に浮かぶウィザード島に上陸して散策できるコースもある。また湖の周り53kmを1周する道路・リムドライブがあり、車や自転車で走りながら、さまざまな湖の表情を楽しめる。

2015年に 100周年を迎えます！

湖に浮かぶ ウィザード島

©Crater Lake Lodge

おまけネタ　公園内での食事はロッジ以外では、アニークリーク レストラン、またはリム ビレッジ カフェで食べることができる。アニークリーク レストランには、出来合いのサンドイッチやスナックなども販売されており、他のレストランに比べるとリーズナブルにすませることができる。

絶景 28　　ツリーホテル　　スウェーデン

スウェーデン北部、ハラッズ村にあるツリーハウス型のホテル。敷地内には地元の有名建築家による独創的なデザインの6タイプの棟がある。中でも立方体の形をした「ザ・ミラーキューブ」は全面が鏡で覆われているため、角度や光によっては森の風景に溶け込んで、建物の姿が見えなくなることもあるという。

絶景 29　　**チューゲン グランド ホテル**　　スイス

スイス東部、標高1800mのマウンテンリゾートタウン・アローザにあるデザインホテル。世界的建築家のマリオ・ボッタが2年かけてつくりあげたスパは、樹木をイメージして取りつけられたガラス張りのパーツが特徴的。夜になるとライトアップし、幻想的な光景を見せる。営業期間は夏と冬のみ。

絶景 28 スウェーデン
ツリーホテル

映し出されるのはココロ？
姿の見えない鏡のホテル

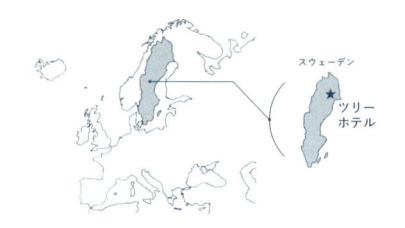

絶景への ご案内

- Edeforsväg 2 A 960 24 Harads Sweden
- +46 928 10300
- http://treehotel.se/

ストックホルムから国内線に乗り換え、北スウェーデンのルーレオ空港を目指す。空港から約100km離れたツリーホテルへは、ホテルの送迎車またはレンタカーで向かう。ホテルが位置するハラッズは、ルール川が流れ、緑豊かな自然に恵まれた小さな村。森の中のホテルの敷地内に、キューブ型やUFO型など、ユニークな外観のツリーハウス型の建物が点在している。

一部屋2人まで使用可。バスルームや屋上テラス付き

おすすめ！ まこさん

ツリーホテルに着くとまず、かわいいインテリアのホステルでチェックイン。アンティークが大好きというオーナーの奥さんの趣味だとか。ここからホテルの部屋までは5分ほど。フレンドリーなスタッフが案内してくれました。

たとえばこんな旅 ▶ 4泊6日

- 1日目　成田 → コペンハーゲン・ストックホルム乗り継ぎ → ルーレオ（ルーレオ泊）
- 2日目　ルーレオ → 車でツリーホテル（ツリーホテル泊）
- 3日目　自由行動・川遊びなどを楽しむ（ツリーホテル泊）
- 4日目　ツリーホテル → 車でルーレオ（ルーレオ泊）
- 5日目　ルーレオ → ストックホルム・コペンハーゲン乗り継ぎ →（機中泊）
- 6日目　成田着

長さ12mのつり橋を上って部屋へ

おすすめの季節

6月から8月

四季があり、6〜8月までの夏場は、爽やかな気候で昼間の時間も長い。ホテルのある北スウェーデンはこの時期、白夜が続く。11〜3月は寒いが、冬ならではのアクティビティやオーロラ観賞ができる。

旅の予算

約31万円から

ツリーハウス・ミラーキューブの宿泊料金は1泊約5万7000円〜。予約は公式サイト（英語）より可能。ルーレオのホテルの宿泊料金は1泊約1万円〜。

旅のポイント

ミラーキューブの中にはダブルベッド、バスルーム、ソファとテーブルが設えてあり見た目以上に過ごしやすい。ホテルのユニークな建物は、それぞれコンセプトがあり、いずれもスウェーデンの有名建築家が設計している。また各部屋の家具、照明、ファブリックはすべてオリジナルで、北欧デザインのすばらしさに浸れる。

MORE FUN! +α のお楽しみ

ツリーハウスには四季により、さまざまな楽しみ方がある。冬場は神秘的な雪景色や、犬ぞりツアーなどのユニークなアクティビティを体験でき、夏から秋には、ルール川を下るパドルカヤックや釣りなどが楽しめる。初夏の5月下旬から7月初旬には、太陽が沈まない白夜という現象が起きる。

犬ぞりに乗ってレッツゴー！

サウナの建物。宿泊客は割引価格で利用できる。

©Peter Lundstrom, WDO Fredrik Broman, Human Spectra

おまけネタ　宿泊費には朝食代も含まれる。レストランは敷地内にあるブリッタス ホステルにあり、北欧の先住民族サーミ人の食文化を体験できるメニューとして、トナカイやムース（ヘラジカ）、クマの肉、北極イワナなど、日本では珍しい食材の料理を提供してくれる。

絶景 29 スイス
チューゲン グランド ホテル

夏と冬、どちらを選ぶ？
夜に輝く野外美術館

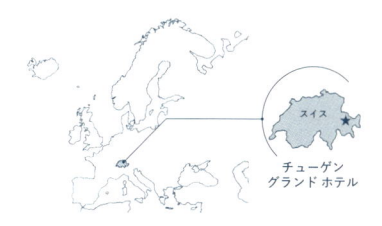

DESTINATIONS
絶景への
ご案内

- Sonnenbergstrasse, CH-7050 Arosa, Switzerland
- +41 81 378 99 99
- http://www.tschuggen.ch（公式サイト）
- http://www.LHW.com/tschuggen（リーディングホテルズ）

スイス最大の都市チューリッヒの中央駅からクール駅までは、特急で約1時間15分。クール駅からはRhBアローザ線のローカル列車に揺られて、約1時間でアローザ駅に到着する。アローザは、シャンフィック谷の奥にある小さなリゾートタウン。駅の北側には湖が広がり、夏場は緑の山々が連なる。高級リゾートのサンモリッツとよく似た雰囲気だが、規模も小さく観光客も少ないので、のんびり滞在が楽しめる。ホテルは駅から車で3分ほどで到着する。

> 大きな窓からは
> スキー場が一望できる♪

行きたい！
詩歩
カラフルに光ったり、真っ白に光ったり。スパの建物の変幻自在に輝くガラスのパーツは、ずっと眺めていても飽きなさそう！

たとえばこんな旅 ▶ 3泊5日

1日目	成田 → イスタンブール乗り継ぎ → チューリッヒへ（チューリッヒ泊）
2日目	チューリッヒ → クール → アローザへ（チューゲン グランド ホテル泊）
3日目	自由行動・ウインタースポーツを楽しむ（チューゲン グランド ホテル泊）
4日目	アローザ → クール → チューリッヒへ → イスタンブールで乗り継ぎ →（機中泊）
5日目	成田着

> パッチワークの
> ベッドボードが素敵

おすすめの季節
12月から3月
7月から9月

雪景色を見るならやっぱり冬。多くのスキーヤーで賑わうアローザでは、冬ならではの楽しみがいっぱいある。夏は日中でも20℃には届かない気温で、ハイキングなどを楽しむのにぴったり。

旅の予算
約16万円から

チューゲン グランド ホテルの宿泊料金は1泊約3万2000円〜、予約は公式サイト（英語）のほか、リーディングホテルズのサイト（日本語）より可能。営業は夏と冬のみなので注意を。チューリッヒのホテルの宿泊料は1泊約1万円〜。

旅のポイント

冬はスキーやスノーボードを。夏はアローザ駅前にあるゴンドラでヴィスホルンへ上り、アルプスの絶景を眺めたい。夏場にアローザで1泊以上すると「アローザ・カード」が発行され、村内の循環バスやゴンドラなどが無料で利用できる。宿泊しない場合でも13スイスフランで購入可能。

+α のお楽しみ (MORE FUN!)

標高約1850mの高地にあるゴルフ場でのプレーやバルーンツアー、パラグライダー、ハングライダー、ロマンチックな馬そりなどお楽しみはいろいろ。のんびり派なら、広々としたスパでリラックスするのもおすすめ。本場のチーズフォンデュに舌鼓をうつのもいい。

スキー場やハイキングエリアとホテルを結ぶ専用のケーブルカー。

> ヨーロッパでも
> トップクラスの標高の
> ゴルフ場も！

おまけネタ アローザからローカル線で約1時間のクールは、5000年の歴史を有するスイス最古の町。ロマネスク様式とゴシック様式が混在する大聖堂や時計塔のある聖マルティン教会など、旧市街には見どころが多い。また店が多く集まり、ショッピングにも便利。

あたらしい風景を探して
詩歩の絶景TRIP 軽井沢編

朝一番で、見晴台へ。浅間山や八ヶ岳を見渡しながら深呼吸(A)。

冬の軽井沢。憧れのホテルで、絶景ステイを体験してきました！
光あふれる水辺のヴィラ、さえぎるものがない満天の星空、
キラキラ輝くイルミネーション…etc. 旅で出会った風景をご紹介します。

チェックイン前に「キャボットコーヴ」でブランチ。あさりたっぷりクラムチャウダーとポップオーバー(B)。

「星のや軽井沢」にチェックイン！憧れの「水波の部屋」へ(C)。

ルームキーもかわいい♡

「星のや軽井沢」を象徴する、この眺め。川面に光が反射する昼の光景も、行灯が幻想的な夜景も、どちらも絶景。

気持ちよすぎて、寝落ち……。

水辺のスパは開放感満点！ 80分の「憩」コースで超リラックス。

軽井沢高原教会のイルミネーション。クリスマス時期には多くの人が訪れる(D)。

根セロリのとうふ。器はりんご！

メインダイニング「嘉助」で、趣向を凝らした『山の懐石』ディナー(F)。

煮物椀は、すりおろした蓮が雪のよう。

浅間山の麓で、寝袋にくるまって星空ウォッチング(E)。

冬の森で、ネイチャーウォッチング。ガイドさんの解説も楽しい(I)。

軽井沢の景勝地・白糸の滝。幅70mに渡り清らかな水が流れ落ちる。

地元のスーパーで見つけたりんごバターをおみやげに(J)。

旧軽井沢の「酢重正之商店」で購入した醤油豆。信州の郷土食だそう。

ジョン・レノンが「万平ホテル」に宿泊していたときに直伝されたロイヤルミルクティー(K)。

「川上庵」で天せいろ。つるっとしたのどごしでおいしい！(L)

軽井沢MAP

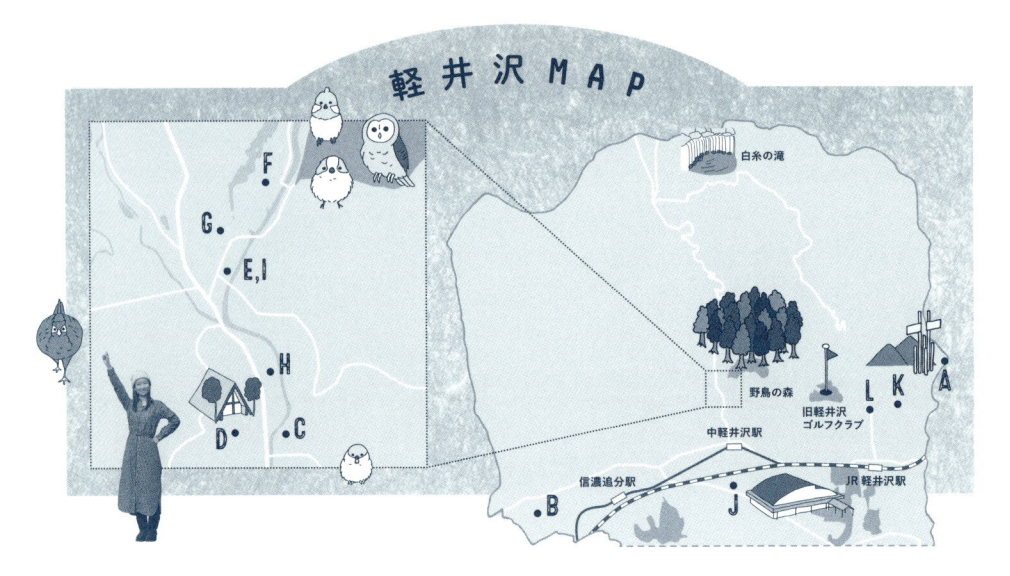

旅のコース

A 碓氷峠見晴台
長野県と群馬県の県境にある展望公園。標高約1200mほどにあり、浅間山、妙義山、八ヶ岳、南アルプスなどが広がる雄大な景色を一望できる。
長野県北佐久郡軽井沢町峠町
TEL.0267-42-5538（軽井沢観光会館）

B キャボットコーヴ
アメリカの旅で朝食店に行き、「こんなお店を開きたい」と思った店長夫妻がはじめたお店。軽井沢の森に包まれていただく心のこもった朝食は最高！
長野県北佐久郡軽井沢町追分78-26
TEL.0267-31-5078

C 星のや軽井沢
自然豊かな谷に広がる滞在型リゾート。水辺に点在する客室はプライベート感満点。温泉やスパ、多彩なアクティビティも魅力。1泊6万2000円〜。
長野県軽井沢町星野
TEL.050-3786-0066（総合予約）

D 軽井沢高原教会
大正10年より続く、由緒ある教会。木造りで、あたたかみを感じさせる。毎年クリスマスシーズンのイルミネーションの点灯は、冬の風物詩。
長野県軽井沢町星野
TEL.0267-45-3333

E きらめく星空ウォッチング
寝袋にくるまって、ホットワイン片手に天体観察をするアクティビティ。ネイチャーガイドの「ピッキオ」が星座の世界へと誘ってくれる。料金5000円。冬期開催（時期は要問合せ）。
TEL.0267-45-7777

F 嘉助
「星のや軽井沢」のメインダイニング（宿泊者のみ利用可）。軽井沢ならではの旬の食材を使った「山の懐石」（1万2000円）は、季節を感じさせる演出が施され、舌はもちろん、目でも楽しめる仕掛けがあちこちに。

見つけた！　あたらしい軽井沢
text：詩歩

今回の旅のメインは「星のや軽井沢」。チェックインし、川に面したバルコニーに出ると、まるで船に乗っているような気分。冬の冷たい風が運ばれてきて、背筋が伸びるような思いがしました。

ぼんやりと川を眺めていると、そこに1艘の小さな舟が。川に浮いている行灯に、ひとつひとつ火を点していたのです。風でゆらゆら揺れる火がいくつも重なり、幻想的な夜の訪れを演出していました。

続いて訪れたのは軽井沢高原教会。教会のまわりには無数のキャンドルが辺りを照らしていました。なんと、この灯りもすべて人力。耳がちぎれそうなほど寒い中、スタッフの方がひとつずつ灯していたのです。効率化・自動化が進むこの時代に、なぜ……？

その晩、深夜まで宿の共有スペースにいたわたし。すると従業員の方が「もしよろしければ……」と、わざわざ仕事を中断してコーヒーを差し入れてくれたのです。疲れていた心と体が、思いがけず受けたおもてなしによってじわじわとあたたまっていくのがわかりました。冷たい冬だからこそ感じることができた、人のあたたかさ。時代の流れに合わせて効率化するのではなく、そこに人の手をあえて残すことで、人間にしか出せないあたたかみのあるメッセージを伝えていたのでした。

凍えながら入った朝食のお店であたらしてもらった、暖炉の火。寒空の下、星空ウォッチングでいただいたホットワイン。部屋のお風呂に置いてあったゆず…etc. あちこちであたたかい心遣いに触れた旅でした。

誰もが訪れたことがあるであろう軽井沢。次はぜひ、冬に来てみてはいかがですか？

G　星野温泉 トンボの湯
大きな窓が印象的な温泉施設。8時30分～10時は宿泊者専用となり、ゆっくり朝風呂を満喫できる。源泉掛け流しのやわらかなお湯は、美肌効果も。
長野県北佐久郡軽井沢町星野
TEL.0267-44-3580

H　ベーカリー＆レストラン 沢村 軽井沢店
星のやに隣接するハルニレテラス内にあり、焼きたてパンの朝食を楽しめる。地元食材の野沢菜を使ったパンなど、心惹かれるメニューがいっぱい！
長野県軽井沢町星野 ハルニレテラス
TEL.0267-31-0144

I　野鳥の森ネイチャーウォッチング
星のやに隣接する、自然豊かな「野鳥の森」をネイチャーガイドの「ピッキオ」が案内してくれる。浅間山を望む絶景スポットも教えてもらえる。通年開催。料金2100円。
TEL.0267-45-7777

J　ツルヤ 軽井沢店
中軽井沢駅から1kmくらいの場所にあるスーパーマーケット。長野の特産品を使った、オリジナル商品もたくさんあり、おみやげ探しにぴったり！
長野県北佐久郡軽井沢町長倉2707
TEL.0267-46-1811

K　万平ホテル カフェテラス
旧軽井沢にある、老舗ホテルのカフェ。ジョン・レノンが家族とともによく利用していたことでも有名。信州りんごたっぷりのアップルパイもおすすめ。
長野県北佐久郡軽井沢町軽井沢925
TEL.0267-42-1234

L　軽井沢 川上庵
旧軽井沢にある、空間が心地いいモダンなそば店。自家製粉している粗挽きのそば粉と、地元のきれいな水で打つそばは、香り高く、コシもしっかり。
長野県北佐久郡軽井沢町軽井沢6-10
TEL.0267-42-0009

絶景 30　ホテル ドゥ グレース　カナダ

カナダ東部、ケベック市郊外にあるホテル。壁や天井、装飾品まですべてが氷でつくられており、氷のチャペルや、バーなどのカラフルなライトアップは幻想的。毎年1〜3月の冬季限定でオープンし、テーマに合わせて毎年部屋のデザインが変わる。なお、就寝時は寝袋が貸し出される。

絶景 31　　フッティルーテン・フラム号の南極クルーズ　　南極

アルゼンチンと南極を往復するクルーズツアー。期間中に南極大陸の各地をまわり、上陸可能なポイントからゴムボートで陸に上がる。巨大な氷山や野生のペンギン、アザラシを間近で観察することができる。毎年10本程度のクルーズが催行されるが、1年前に予約がいっぱいになってしまうほど人気。

絶景 30　カナダ
ホテル ドゥ グレース

全身カイロで臨みたい
氷と雪でできた「アナ雪」の城

絶景へのご案内

9530, rue de la Faune, Québec, G1G 5H9, Canada
+418 623 2888
http://www.hoteldeglace-canada.com/

ケベック空港や市内から車でロティエンヌ高速道路に乗り、フォーヌ通りを目指して進む。市内から十数分、空港から約20数分でフォーヌ通りの出口が見えてくる。出口を降り右へ進むと、一面に広がる雪景色の中に、イグルー（イヌイット族の住居）風の建物が軒を連ねる、ホテル ドゥ グレースが見えてくる。扉を開くと、氷の世界。この期間限定の氷のホテルは、毎年建て替えをして部屋のデザインも変わるため、訪れるたびに新鮮な感動が味わえる。

氷のベッドの上でおやすみなさい 
©Luc Rousseau

行きたい！
詩歩
氷のホテルと言うと、日本でよく知られているのはスウェーデンのホテル。しかし、実はカナダにもあったんです！アメリカ国境にも近くて、訪れやすさはスウェーデンより上かも？

たとえばこんな旅▶2泊4日

- 1日目　成田 → アメリカ国内乗り換え → ケベック（ケベック泊）
- 2日目　ケベック市内観光 → 車でホテルに移動・ホテル内のツアーに参加（ホテル ドゥ グレース泊）
- 3日目　ケベック → カナダ国内で乗り換え → アメリカ国内で乗り換え → （機中泊）
- 4日目　成田着

氷のホテルの外観はこんな感じ 
©Philippe Renaud

おすすめの季節
1月から3月
ホテル ドゥ グレースが営業するのは冬場の約3カ月間のみ。この季節は最高気温でも平均して氷点下、最低気温は-20℃近くになる。豪雪地帯なので、寒さと雪対策は万全に。

旅の予算
約17万円から
ホテル ドゥ グレースの宿泊料金は1泊約5万円～。予約は公式サイト（英語）より可能。ケベック市内のホテルの宿泊料金は1泊約1万円～。

旅のポイント
四方を氷の壁に囲まれた、イグルー風のゲストルームは、美しくライトアップされ、部屋ごとに彫刻が施される。氷の彫刻や氷のシャンデリアが迎えてくれるロビーも圧巻。氷点下の異空間でのファンタジックな滞在が満喫できる。

+αのお楽しみ
ガイドツアーに参加すれば、ホテル ドゥ グレースの歴史、構造、アーティストたちがどのように氷の装飾品をつくるかなどの話が聞ける。またホテル内のノルディックエリアには、21時から翌9時まで、夜空を見ながら入れるスパとサウナもある。

雪の上でつくるメープルタフィーに挑戦

すべり台も氷！
©Xdachez.com 

おまけネタ　ケベックには、ユネスコ世界遺産に指定されている「ケベック旧市街の歴史的地区」があり、アッパータウンとロウワータウンの2つのエリアからなる。石造りの建物や石畳の道など、ヨーロッパのような風景が広がる。16世紀にフランス人が入植した歴史があり、公用語はフランス語。

絶景 31　南極
フッティルーテン・フラム号の南極クルーズ

ペンギンが案内人？
人類最後の秘境へいざ出発

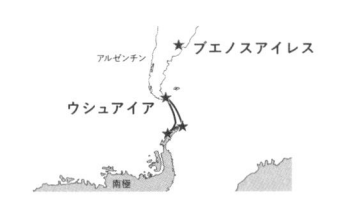

絶景へのご案内

☎ 03 6809 4322（フッティルーテン・ジャパン）
🌐 http://www.hurtigruten-jpblog.com/

クルーズの起点となるウシュアイアは、南米大陸最南端の町。アルゼンチンの首都ブエノスアイレスからウシュアイア国際空港までは、飛行機で約4時間。空港からは、送迎車に乗って約20分で、フラム号が発着するウシュアイア港に到着する。夕刻、ウシュアイア港を出航。サウナやジャグジーもある船でのんびり過ごすうちに、南米大陸最南端のホーン岬と南極大陸に挟まれたドレーク海峡を越え、本格的な南極大陸クルーズがスタートする。

氷の海をグングン進んでいきます 
©Thomas Haltner

たとえばこんな旅 ▶ 14泊18日

- 1日目　成田 →（機中泊）
- 2日目　ドーハ乗り継ぎ → ブエノスアイレスへ（ブエノスアイレス泊）
- 3日目　ブエノスアイレス → 飛行機でウシュアイアへ → 夕刻出航（フラム号泊）
- 4〜5日目　ドレーク海峡横断（フラム号泊）
- 6〜12日目　南極大陸をめぐる（フラム号泊）
- 13〜14日目　ドレーク海峡横断（フラム号泊）
- 15日目　ウシュアイア港到着 → ウシュアイア → 飛行機でブエノスアイレスへ（ブエノスアイレス泊）
- 16日目　ブエノスアイレス →（機中泊）
- 17日目　ドーハ乗り継ぎ →（機中泊）
- 18日目　成田着

南極半島にテント泊も！ 
©Hans Möller

> 🗣 おすすめ！
> YOKOさん
> 海に浮かんだ氷山が夕陽に照らされキラキラと輝いた瞬間、夢の世界に入り込んでしまったのか、現実なのかわからなくなりました。ただ、「この地球に生きていて良かった」と涙が流れました。

おすすめの季節
10月末から2月

南極クルーズの船が出るのは、南半球の春から夏。極地とはいえさほど寒くはないが、船外に出るときのために、保温性の高い下着やセーター、手袋、帽子などの防寒着を。防水機能のあるアウトドア用の靴も必須。

旅の予算
約96万円から

南極クルーズ（南極大陸ペンギンの王国14日間）の料金は79万4000円〜。予約は公式サイト（日本語）やフッティルーテン取り扱い旅行会社より可能。ブエノスアイレスのホテルは1泊約6000円〜。

旅のポイント

ペンギンや南極オットセイ、クジラ、アザラシ、ウミドリなど多彩な野生動物が生息する島を訪ねたり、南極の高い氷山に囲まれた湾の絶景を眺めたり……。南極屈指の人気観光地、ポート ロックロイでペンギングッズを物色するのも楽しい。気象条件が整えば、南極でテント泊するエクスカーション（小旅行）が催行される。

+αのお楽しみ

ブエノスアイレスから日本へ戻る飛行機は夜出発することも多いので、時間が許せば町歩きも楽しい。カラフルな家が並ぶボカ地区のカミニートや、かつてのファーストレディ・エビータなど著名人が眠るレコレータ墓地等、見どころは多い。アート好きなら国立美術館やMALBA美術館もおすすめ。

こんなに近くでペンギンを撮影！ 
©Joern Henriksen

ブエノスアイレスではかわいい演奏家と出会えるかも！？

おまけネタ
クルーズには、鳥類や地質、歴史などに精通し、豊富な極地経験を持つエキスパートが同行。船内でペンギンやウミドリの名前を教えてくれたり、上陸時の案内をしてくれたりと、南極の旅がより魅力的なものになるようにサポートしてくれる。

絶景 32　ホテル ランガ　アイスランド

アイスランド南部にある、木でつくられた山小屋風ホテル。街灯の多い市街地から離れた場所に建っているため周囲は暗く、高確率でホテルの敷地内から夜空に輝くオーロラを観賞することができる。希望すれば夜間のオーロラ出現時に起こしてもらえる、ウェイクアップサービスもある。

絶景 32 アイスランド
ホテル ランガ

オーロラを見たいならここ！
宿泊中は毎日がチャンス

絶景へのご案内

Sudurlandsvegur, 851 Hella, Iceland
+354 487 5700
http://www.hotelranga.com

ケプラヴィーク国際空港から車に乗り、41号で北東へ。40分ほどでアイスランドの首都、レイキャビクに到着する。そこからホテルまでは約80分、ハイウェイ1号に乗り、荒涼とした大地を南東へ進む。ホテルの入口を示す看板を右折すれば、約600mで、あたたかみのある木造のロッジに到着する。交通手段としていちばんのおすすめは、レンタカー。ホテルの送迎サービスはないが、頼めばタクシーなどの手配はしてくれる。

レセプションでは シロクマがお出迎え

行きたい！ 詩歩
実はアイスランドは、オーロラを観賞しやすい気候！ 北米や北欧だと気温が-10℃前後まで下がる時季に出るのに対し、ここは約0℃でも出現します。しかも、夜のうちでも比較的早い時間帯から出るそう。オーロラの穴場スポット、ぜひ訪れてみて！

たとえばこんな旅 ▶ 2泊5日

1日目	成田 →（機中泊）
2日目	コペンハーゲンなどで乗り継ぎ → ケプラヴィーク → ヘットラへ（ホテル ランガ泊）
3日目	アイスランドの大自然を満喫（ホテル ランガ泊）
4日目	ケプラヴィーク → コペンハーゲンなどで乗り継ぎ →（機中泊）
5日目	成田着

カントリー調のスタンダードルーム

おすすめの季節
9月から3月

オーロラ観測が目的なら、9～3月がおすすめ。冬場でも最低気温-2℃くらいと、意外と寒くないが、風が強いので防水・防風の上着の用意を。夏場は白夜のように一晩中明るい。

旅の予算
約23万円から

ホテル ランガの宿泊料金は1泊約2万8000円～。予約は公式サイト（一部日本語表示あり）より可能。

旅のポイント

氷河ハイキングや洞窟探検ツアー、スノーモービルなど、アイスランドならではのアクティビティを楽しむのがおすすめ。夏なら、バードウォッチングやサーモン・フィッシングも楽しい。黒い砂浜などを4輪バギーを運転して走るツアーや、スーパージープで道なき道を進んで絶景を楽しむツアーも人気。

氷河ハイキングで絶景を体感！

スノーモービルにチャレンジ！

+α のお楽しみ
フィヨルド内の穏やかな海でシーカヤックを楽しんだり、ダイバーに人気の透明度の高いスポットでダイビングやシュノーケリングに挑戦したり……。アイスランドでは、マリンスポーツも盛ん。ホエールウォッチングでは、ミンククジラやネズミイルカなどと出会えるかもしれない。

おまけネタ
ホテル ランガ天文台はホテルが誇る最新施設。2台の高性能望遠鏡を備え、火星や土星、木星はもちろん、遠い天王星や海王星も間近に見ることができる。また、太陽があまり沈まない夏場の時季は、太陽観測もできる。

わたしが行った絶景ホテル
④

ルナ サラダ（ボリビア／ウユニ塩湖）

text：詩歩

いまや「絶景」の代名詞となったウユニ塩湖。
「これまで行った絶景の中でオススメの場所を教えてください」と言われると、王道すぎて言いたくないけれど、ついオススメしてしまいます。

「ウユニ塩湖」と聞いて、みなさんはどんな景色を想像されるでしょうか。
青空が地面に映る天国のような世界？　360度星空に包まれるプラネタリウムのような世界？　"わたしのウユニ塩湖"は、それとはちょっと違います。
大学4年生の9月。大好きな女友達と2人でボリビアに行きました。9月は乾季で、雨がまったく降りません。つまり、よく写真などで見る「鏡張り」のようなウユニ塩湖のシーズンではないのです。ではどうなっているかというと、真っ白な塩原が地平線まで続く、一面の白の世界なのです。

ウユニの市街地から車で30分ほど。長距離バスに疲れたわたしたちが到着したのは、ホテル「ルナ サラダ」。塩の大地の真ん中にある「すべてが塩でできた」ホテルです。到着すると、レンガのようにしっかりした壁や屋根が塩、ベッドも机もぜーんぶ、塩！！！（お風呂はさすがに違っていたけれど。笑）
最初は疑って壁をペロッとなめてみたら、とってもしょっぱくて、疲れをどこかに忘れて友達とはしゃぎ回りました。

塩のベッドでぐっすり眠った翌朝。朝6時に目を覚ますと、すぐに外に飛び出しました。そう、今日1番の目的の、日の出の時間です！

残念ながらルナ サラダ付近からは、東の地平線は見えません。しかし、6時を過ぎるとどんどん空が赤らんできます。一筋の光線が目に入り、「わっ、まぶしい！」と思った瞬間、大きな光の塊が山の間から見えてきました。そう、ここは標高約3660m。富士山と同じくらい高い場所で、空気がとても澄んでいるため、太陽がとてもまぶしく感じたのです。

あまりにも日の出がまぶしく、パッと目をそむけると、私は驚きの光景を目にしました。
それは、役目を終えて眠りにつこうとしている月と、その月を迎え入れるかのように淡いグラデーションに彩られたやさしい地平線。平らに架かるパステル色の虹のような、見たこともないような情景が視界を埋め尽くしていました。

感動を言葉にできず、わたしは太陽を背に、思わず「わーーーーーっ！」と叫びながら月に向かってかけ出していました。もちろん、琵琶湖の約16倍もの広さがあるウユニ塩湖。かけ出したところで全然月には近づけないですが、興奮を発散しきれず、塩の大地でゴロゴロ転がるわたしと友達。近くを散策していた野生動物もビックリです。
思いがけない絶景に出会えた満足感でお腹がいっぱいになり、その日はあまり朝食が食べれませんでした。

この"わたしのウユニ塩湖"は、今でも「死ぬまでに行きたい！世界の絶景」の顔として、Facebookページのカバー写真になっています。
今度会ったら、どんな表情を見せてくれるかな。

月に向かってかけ出していったわたしを、友達が激写。

ホテルの外観。もちろんこの外壁も、塩。

ルナ・サラダ
Salar de Uyuni, Carretera a Colchani,
orillas del salar, Uyuni. Bolivia
+591 2 770885（予約専用）
http://www.lunasaladahotel.com.bo/index_jp.html（日本語）

この絶景コラムをカラーで見よう！　詩歩公式Blog「Shiho and…」でカラー写真を公開中！　http://shiho.me/644

絶景 33　　エルキ ドモス　　チリ

チリ中部・エルキ渓谷にあるホテル。アンデス山脈が灯りを遮断するため周囲が暗く、また空気が澄んで晴天率が高いことから、星を見るのに最適な環境とされる。ホテル内には最新の望遠鏡があるため、南半球唯一の天体観測のためのホテルと言われている。部屋にはベッドの上に窓があり、寝ながら星空を見られる。

絶景 <u>34</u>　**オステリア ペオエ**　チリ

チリ南部パタゴニア地方に位置するトレス・デル・パイネ国立公園にあるホテル。ミルキーブルーが美しいペオエ湖に浮かぶ島に建っており、「パイネの角」と呼ばれる切り立ったパイネの山々を間近に眺めることができる。ホテルからは世界屈指の規模を誇るグレイ氷河にも日帰りで行くことができる。

絶景 33 チリ
エルキ ドモス

今日だけは夜更かしOK！
ベッドの上で南十字星探し

エルキ ドモス

絶景への ご案内

- Camino Público Pisco Elqui Horcón Km, 3.5 Sector Los Nichos s/n Paihuano Chile
- +56 9 7 7092879
- http://elquidomos.cl/site/

ラ・セレナの空港から41号に乗り車でホテルに向かう。山肌が迫る谷あいの道を走ること約2時間で、ホテルに最も近い村ピスコ・エルキに到着。さらに約3.5km走るとエルキ ドモスに着く。公共交通機関を使う場合は、ラ・セレナからバスでピスコ・エルキまで行き、ホテルの車でエルキ ドモスに向かう。ホテルの敷地では、空に向かって天窓が備えつけられた木製のキャビンと、屋根を開けられるドーム型のテントが並び、星空への期待が高まる。

大きな天窓は天体観測に最適

レストランもあるメインドーム

行きたい！ 詩歩
星空観察におすすめなのが、学校の授業などで使うレーザーポインター。星を照らすことができるので、星座を探すときに重宝します。ただし、周囲に迷惑をかけないよう十分な配慮も忘れずに！

たとえばこんな旅 ▶ 2泊6日

- 1日目 成田 → アメリカ国内で2回乗り換え → （機中泊）
- 2日目 サンティアゴ → ラ・セレナ → 車でエルキ ドモスに移動・夜は天体観測（エルキ ドモス泊）
- 3日目 自由行動・昼はピスコ・エルキを散策、夜は天体観測（エルキ ドモス泊）
- 4日目 車でラ・セレナへ移動 → サンティアゴ → （機中泊）
- 5日目 アメリカ国内で2回乗り換え → （機中泊）
- 6日目 成田着

チリワインで乾杯★

おすすめの季節
11月から4月
11～4月は温暖で乾燥しており、過ごしやすい。なかでもエルキ ドモスを訪れる人に人気なのが、チリの夏場である12～2月。また3～4月、6～7月、9～11月も比較的予約が立て込むシーズン。

旅の予算
約28万円から
エルキ ドモスの宿泊料金は1泊約1万9000円～。予約は公式サイト（英語）より可能。

旅のポイント
世界で一番美しい星空が見える、といわれるチリのアタカマ砂漠。ホテルはその南端に位置する。11室の客室の建物は、星を見ることを最優先して天窓やテラスなどが設計されている。また施設内には天体観測専用の望遠鏡も設置してあり、希望すれば天文学者の説明を聞きながら天体観測を楽しめる。

どんな星が見えるかな

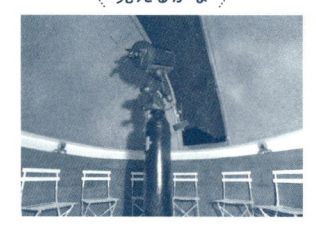

南半球ならではの星座を観測！

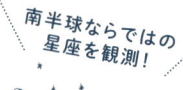

+α のお楽しみ
ホテルのスパではマッサージのほか、宇宙のエネルギーを集めハンドヒーリングをするレイキトリートメント、瞑想などのプログラムも用意されている。タロット占いを受けられるのも、ユニーク。またマウンテンバイクや乗馬、ローカルツアーなどもアレンジしてくれる。

おまけネタ
第三世界のワインの産地として、知名度を上げてきているチリ。エルキ ドモスのあるエルキ渓谷にも、醸造歴はまだ短いが各方面で注目を浴びているワイナリー「ビーニャ・ファレルニア」があり、チリ最北のワイン産地として盛り上がっている。地元産のワインを飲みながら、星を見るものなかなか優雅。

絶景 34 チリ
オステリア ペオエ

パタゴニアの自然の前では悩みなんてちっぽけなもの

絶景へのご案内

- Parque Nacional, Torres del Paine, Chile
- +56 61 2722000
- http://www.torresdelpaine.com/ingles/secciones/03/a/directorio.asp
（パイネ地方の観光HP）

> パイネの山々が望める絶好のロケーション！

チリの首都、サンティアゴから南部の大都市、プンタ・アレナスまで飛行機で約4時間。プンタ・アレナス空港からホテルのあるトレス・デル・パイネ国立公園までは約6時間の道のりだ。入口で入園料を払い、ホテルのシャトルバスでペオエ湖に浮かぶホテルまでは約1時間。パイネ・グランデ山やパイネの角などの名だたる山々に感激しているうちに、車はホテルの駐車場に到着する。ここから木製の橋を渡って、小島の上に建つホテルへと入っていく。

👍行きたい！
詩歩
この一帯は「世界で最も風が強い地域のひとつ」と言われているそう。トレッキングやツアーに参加するときには手荷物が飛ばされないように気をつけたい！

たとえばこんな旅 ▶ 3泊7日

- 1日目　成田 → ロサンゼルス・サンティアゴで乗り継ぎ →（機中泊）
- 2日目　プンタ・アレナス → 長距離バスでトレス・デル・パイネ国立公園へ（オステリア ペオエ泊）
- 3〜4日目　トレス・デル・パイネを散策（オステリア ペオエ泊）
- 5日目　トレス・デル・パイネ国立公園 → 長距離バスでプンタ・アレナス → サンティアゴ乗り継ぎ →（機中泊）
- 6日目　ニューヨーク乗り継ぎ →（機中泊）
- 7日目　成田着

> 国立公園を象徴する3つの岩峰
> トレス・デル・パイネ

おすすめの季節
1月から3月

比較的あたたかい1〜3月がベストシーズンだが、最高気温が20℃を超えるのは稀。強風が吹き荒れることも多いので、暴風対策を。南極に近く紫外線レベルも高め。サングラスや帽子、日焼け止めは忘れずに。

旅の予算
約37万円から

オステリア ペオエの宿泊料金（朝食付き）は1泊約1万5000円〜。2015年4月30日〜8月31日はクローズ。予約は旅行代理店へ依頼するか、各種予約サイトより可能。

旅のポイント

ホテルのあるトレス・デル・パイネ国立公園はトレッキングの名所として知られ、美しい景色が楽しめるコースが250kmにもわたって整備されている。ターコイズブルーに輝く湖や氷河によって削り取られた岩峰、氷河、愛らしい動物たち——最高の景色を堪能するために、トレッキングにチャレンジしてみよう。

+αのお楽しみ

空港があるプンタ・アレナスは、チリ最南端の街。マゼラン海峡に面しているため、厳しい気候にもかかわらず発展した。その栄華を今に伝えるかのような歴史的な建物を眺めながら、町歩きをしてみては。富豪ホセ・メネンデスの旧邸宅を改装したブラウン・メネンデス博物館などの観光スポットもある。

> リャマの祖先・グアナコに会えるかも！？

> 栄華の面影が残るプンタ・アレナス

おまけネタ
プンタ・アレナスから車で約1時間30分のオトウェイ湾には、マゼラン・ペンギンの営巣地があり、プンタ・アレナスの現地ツアーに参加するか、タクシーを利用して訪れることができる。11〜2月の繁殖期には約3000羽のペンギンが集まり、子育てする姿を見学できる。

絶景 35　　ベルクガストハウス エッシャー　　スイス

スイス北東部にある、19世紀に建てられた山小屋を改装した宿泊施設兼レストラン。標高1454m地点、エーベンアルプ山の切り立った絶壁の窪みに建てられており、アルプスの壮大な景色を一望できる。毎年5〜10月の夏季限定オープン。

絶景 36　ワンダーレイク キャンプグラウンド　アメリカ

米アラスカ州中南部、北米最高峰のマッキンリー山を擁するデナリ国立公園にあるキャンプ場。約数週間の短い秋にはツンドラが一斉に紅葉し、大地を赤く染める。マッキンリー山の眺めも美しく、運が良ければオーロラも見られる。野生動物の保護地区であり、グリズリーやムースなどが多数生息している。

絶景 35 スイス
ベルクガストハウス エッシャー

辿り着くまでドキドキ！
絶壁に建つ山小屋ホテル

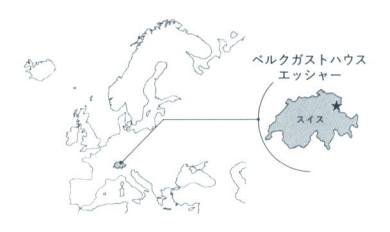

絶景への ご案内

📍 Wildkirchli, CH-9057 Weissbad, Switzerland
📞 +41 71 799 11 42
🌐 http://www.aescher-ai.ch/

チューリッヒ国際空港から電車でチューリッヒ中央駅へ行き、ヴァッセラウエン方面行きの列車に乗り換える。約2時間半、美しいスイスの風景を見ながら、ヴァッセラウエン駅まで。そこでケーブルカーに乗り、周囲の景色を堪能しつつ山頂まで行く。山頂からベルクガストハウス エッシャーまでは、徒歩で15分ほど。絶壁の岩にめり込むように建つ建物に着く。庭にはテーブルが並び、雄大な山々の風景を眺めながらビールや食事を楽しむ客でにぎわう。

こんな景色も見られます

👍 おすすめ！
Swiss Fan Club さん
最寄り駅はヴァッセラウエン (Wasserauen)で、ロープウェイで約10分、そこから徒歩で約15分。ただ、急勾配で、洞窟の中を通り抜けないといけないので、きちんとした登山靴を履いていくほうがおすすめ。

たとえばこんな旅 ▶ 3泊5日

- 1日目　羽田 → 中東で乗り換え → チューリッヒ（チューリッヒ泊）
- 2日目　チューリッヒ → 列車でヴァッセラウエン駅に移動 → ケーブルカーでエーベンアルプ → 徒歩でベルクガストハウス エッシャーへ（ベルクガストハウス エッシャー泊）
- 3日目　自由行動・トレッキングを楽しむ → 列車でチューリッヒに移動（チューリッヒ泊）
- 4日目　チューリッヒ → 中東で乗り換え → （機中泊）
- 5日目　羽田着

ケーブルカーの山頂駅 ここからは徒歩でGo!

おすすめの季節
5月から10月
ホテルは5〜10月のみの営業なので、訪れるならこの時期に。5月は、花々が咲く美しい季節。6〜9月は天気もよく、ハイキングに最適のシーズン。9〜10月には鮮やかな紅葉が楽しめる。

旅の予算
約13万円から
ベルクガストハウス エッシャーの宿泊料金は1泊約5400円〜。予約は電話で可能。チューリッヒ市内の宿泊料金は1泊約1万4000円〜。

旅のポイント
山小屋兼レストランなので、食事だけという観光客も多い。宿泊施設はドミトリー形式で、基本的に複数の人と同じ部屋で眠る。シャワーはなくタオルやスリッパ類も持参。通常のホテル感覚で訪れるのではなく、宿泊に必要なものは自分で準備をしていこう。また日曜日の宿泊は受け付けない。宿泊料の徴収は夕食時に。現金が好ましい。

+α のお楽しみ
ベルクガストハウス エッシャーからほど近いアッペンツェルは、遠方に山をいただいた牧草地が広がるのどかな風景と、昔ながらの伝統や風習を守っていることで有名な小さな町。16〜17世紀に造られた修道院や市庁舎など歴史ある建物も多く、時間が許せばぜひ立ち寄ってみたいスポット。

お散歩したい 風情ある町並み

アッペンツェル地方の 民族衣装の少年

©appenzell.ch

おまけネタ
ベルクガストハウス エッシャーのあるアッペンツェル地方の名産は、アッペンツェルチーズ。白ワインなどを混ぜた水と秘伝の布地で磨くことによって生まれる、独特な風味が特徴。そのほかにも、レースや織物、刺繍製品、カウベル飾りの伝統工芸品など魅力的な小物もたくさん。お土産選びには困らない！

絶景 36 アメリカ
ワンダーレイク キャンプグラウンド

一面の真っ赤な世界で
動物たちとイチャイチャ♡

ワンダーレイク
キャンプグラウンド　アメリカ

**テントが張れるのは
28サイトのみ
予約はお早めに**

絶景への
ご案内

- mile 85 of Denali National Park road, Denali National Park and Preserve, AK,USA
- +1 907 272 7275
- http://www.nps.gov/dena/planyourvisit/campground-wonder.htm（公式サイト）
  http://www.reservedenali.com/stay/campgrounds/wonder-lake.aspx（予約用サイト）

フェアバンクスからアラスカハイウェイを約200km南下し、デナリ国立公園の入口まで車で約3時間。国立公園内は自家用車の入園規制があるため、有料のキャンパーバスまたはシャトルバスに乗り換え、ワンダーレイク キャンプグラウンドへ向かう。車窓越しに雄大な景色が流れ、時には野生動物が見えることも。6時間ほどでキャンプグラウンドに到着。雲がなければ迫力あるマッキンリー山を望める。

**おすすめ！
くに＆たかさん**
テントにいながらにして、マッキンリーが望めるというマッキンリービューのテントサイト！！

たとえばこんな旅 ▶ 4泊6日

1日目	成田 → アメリカ国内で乗り継ぎ2回 → フェアバンクス（フェアバンクス泊）
2日目	フェアバンクス → 車でデナリへ移動 → 園内バスでワンダーレイク キャンプグラウンドへ（ワンダーレイク キャンプグラウンド泊）
3日目	自由行動・トレッキングをする（ワンダーレイク キャンプグラウンド泊）
4日目	フェアバンクスに移動（フェアバンクス泊）
5日目	フェアバンクス → アメリカ国内で乗り継ぎ →（機中泊）
6日目	成田着

熊よけのため食料はすべて食料庫に。
料理や食事をするのもここで行う。

おすすめの季節
6月から9月

紅葉を楽しむなら8月下旬から9月中旬がおすすめ。夏場は昼間は暖かいが、最低気温が10℃前後となりかなり冷え込む。10月から気温が下がり、冬場は－40℃と極寒だが、オーロラが出現することも。

旅の予算
約19万円から

ワンダーレイク キャンプグラウンドの宿泊料金は1泊約3000円～。キャンプ場、園内のバスともに予約は予約用サイト（英語）より可能。フェアバンクスの宿泊費は1泊約1万2000円～。

旅のポイント

ワンダーレイク キャンプグラウンドのあるデナリ国立公園は、通年開園されているが、冬は降雪のため道路が閉鎖される。公園内を通るパークロードの終点にあるカンティシュナまで、道が開通するのは例年6月中旬から9月中旬まで。また公園内への個人の車の乗り入れは、入口から約25km先のサベージリバーまでとなる。

**MORE FUN!
+α
のお楽しみ**

キャンプサイトの近くにある、マッキンリー・バー・トレイルのハイキングがおすすめ。起伏がない平坦な道を歩くと、マッキンリー・リバーにたどり着く。川岸から見える壮大な風景は必見。また国立公園のレンジャーが自然や野生動物などについて、日替わりで説明してくれるプログラムもある。

**レンジャーの説明が
わかりやすいと人気**

**こんなにかわいい
野生動物も♥**

©NPS photo by Kent Miller, Tim Rains.

おまけネタ ワンダーレイクキャンプグラウンドには水洗トイレはあるが、シャワー設備はない。また6～7月は非常に蚊が多いので、蚊よけネットや虫よけスプレーは必需品、事前に準備しておこう。デナリ公園入口にあるライリー・クリークキャンプ場には売店があり、値段は高めだが、防寒具、雨具や食料品なども揃う。

絶景 37　　ジェイド スクリーン タワー ホテル（黄山玉屏楼賓館）　　中華人民共和国

中国東部・安徽省にある、黄山に建つホテル。世界遺産である黄山は、数億年の間の地殻変動や侵食によって生まれた特異な景観をしており、その素晴らしさは「黄山を見ずして、山を見たというなかれ」と言われるほど。ホテルまでは階段の続く急斜面をトレッキングするか、もしくはケーブルカーで訪れる。

タイプ別　絶景ホテルランキング

旅のプランニングに欠かせないのが、予算のお話。「今度の連休に気軽に行ける絶景ホテルを知りたいな」という現実派と、「いつか憧れのホテルに泊まるために貯金する！」というロマン派。どちらにも参考になるように、独自のジャンルごとにホテルの宿泊料ランキングをつけてみました。憧れ系は、値段が高いホテル順に、リーズナブル系は値段が安い順に並べています。

料金分の価値がある！　憧れホテル

まさに"死ぬまでに行きたい！"ホテルがこちら。
人類最後の秘境・南極なら、奮発してでも行く価値アリ！
2位には"泊まれる美術館"がランクイン。
もったいなくて夜も眠れない!?

- 第1位　約79万4000円　▶P085
  フッティルーテン・フラム号の南極クルーズ　※ツアー料金
- 第2位　約63万円　▶P041
  フォーシーズンズ ホテル フィレンツェ　※ノーブルスイートの料金
- 第3位　約18万円　▶P061
  青蔵鉄道　※ツアー料金
- 第4位　約15万2000円　▶P112
  シャングリ・ラ ホテル パリ
- 第5位　約12万5000円　▶P036
  ソネバ キリ

すぐに行きたい！　リーズナブルホテル

国立公園内にあるキャンプ場とアルプスの絶景を望める山小屋、世界遺産の中のホテルがTOP3を占領。
絶景に泊まれてこの価格…う〜ん、おトクすぎる！

- 第1位　約3000円　▶P097
  ワンダーレイク キャンプグラウンド
- 第2位　約5400円　▶P096
  ベルクガストハウス エッシャー
- 第3位　約9400円　▶P100
  ジェイド スクリーン タワー ホテル（黄山玉屏楼賓館）
- 第4位　約1万1500円　▶P137
  杉乃井ホテル
- 第5位　約1万4000円　▶P120
  ザ・サグアロ パーム スプリングス
- 第5位　約1万4000円　▶P129
  ダウンタウン

あの有名な「○○」が見えるホテル

憧れ系にはエッフェル塔ビューのホテルや、世界遺産イグアスの滝が徒歩圏内のホテルがランクイン。
リーズナブル系には、ピラミッドが間近のホテルや富士山を真正面に眺められるホテルもあります！

憧れ系
- 第1位　約15万2000円　シャングリ・ラ ホテル パリ　▶P112
- 第2位　約5万5000円　アンドビヨンド ソススフレイ デザート ロッジ　▶P020
- 第3位　約4万2000円　ベルモンド ホテル ダス カタラタス　▶P048

リーズナブル系
- 第1位　約9400円　ジェイド スクリーン タワー ホテル（黄山玉屏楼賓館）　▶P100
- 第2位　約2万円　メナ ハウス ホテル　▶P017
- 第3位　約1万9008円　日本平ホテル　▶P141

文化に触れられるホテル

おトク度No.1はアボリジニの文化を料理やスパなどに取り入れているホテル。
マサイ族がホテルを案内してくれるロイサバ ウィルダネスも見逃せない！

約8万円
カスバ
タマドット
▶P040

約7万6000円
タージ レイク
パレス
▶P056

約7万4000円
ロイサバ
ウィルダネス
▶P024

第1位 / 第2位 / 第3位
憧れ系

約2万8000円
デインツリー
エコロッジ＆スパ
▶P037

約3万6000円
バーンズリー
ハウス
▶P144

約4万円
アシュフォード
キャッスル
▶P049

第1位 / 第2位 / 第3位
リーズナブル系

アクティビティが楽しめるホテル

ゾウやキリンとふれあったり、氷の建物に泊まったり、特別な体験ができるホテルが憧れ系に。
リーズナブル系も、世界屈指のゴルフ場やアルプスのスキー場にオーロラ観賞と負けてません！

約10万円
アナンタラ ゴールデン
トライアングル
リゾート＆スパ
▶P032

約6万4000円
ジラフ マナー
▶P028

約5万円
ホテル ドゥ
グレース
▶P084

第1位 / 第2位 / 第3位
憧れ系

約1万8000円
ミルブルック
リゾート
▶P145

約2万3000円
ザ・カンブリアン
▶P132

約2万8000円
ホテル ランガ
▶P088

第1位 / 第2位 / 第3位
リーズナブル系

自然を満喫できるホテル

自然の匂いや波の音を感じながらゆったり過ごせる高級リゾートは、永遠の憧れ。
でも、壮大な山々や瞬く星空など、ありのままの自然を体感できるホテルもプライスレスな魅力♡

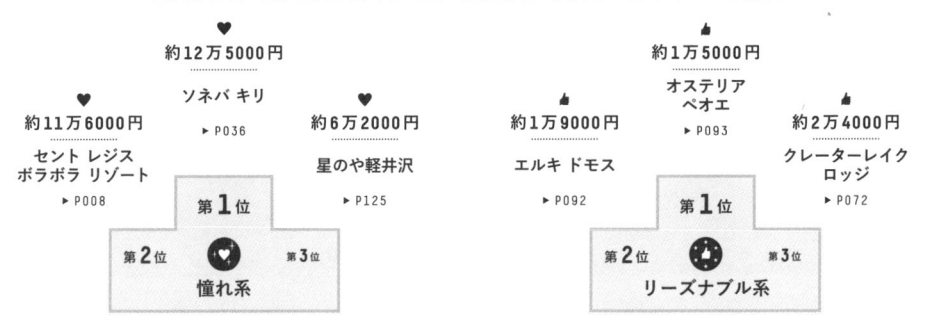

約12万5000円
ソネバ キリ
▶P036

約11万6000円
セント レジス
ボラボラ リゾート
▶P008

約6万2000円
星のや軽井沢
▶P125

第1位 / 第2位 / 第3位
憧れ系

約1万5000円
オステリア
ペオエ
▶P093

約1万9000円
エルキ ドモス
▶P092

約2万4000円
クレーターレイク
ロッジ
▶P072

第1位 / 第2位 / 第3位
リーズナブル系

※ここでご紹介した宿泊料金は特別な記載がなければ、そのホテルの1室あたりの最低価格のおおまかな目安を表示しています。
ツアーの場合はツアー料金を示しています。時期やレートにより変動もございますのでご了承ください。

絶景 38　インターコンチネンタル香港　中華人民共和国

香港の九龍半島にある5つ星ホテル。半島の先端にあり、ビクトリアハーバーと香港島の夜景を真正面から望む。ビクトリアハーバーでは新年のカウントダウンや旧正月などの際に花火大会が行われ、多くの人で混みあうが、宿泊客はハーバービューの部屋やレストランからゆっくりと花火を鑑賞できる。

絶景 37　中華人民共和国
ジェイド スクリーン タワー ホテル（黄山玉屏楼賓館）

誰がどうしてどうやって!?
奇岩の上のキケンなホテル

中華人民共和国

ジェイド スクリーン
タワー ホテル
（黄山玉屏楼賓館）

**絶景への
ご案内**

- Huangshan Sce Anhui, China
- +86 559-5582288
- http://www.hsyplhotel.com/

屯渓の黄山市総合バスターミナルからバスに乗り、新国際黄山風景区バスターミナルまで約1時間半。そこからロープウェイの駅のある慈光閣までは、タクシーに乗り換えて移動をする。玉屏ロープウェイに乗り、ジェイド スクリーン タワー ホテル最寄りの玉屏駅まで、2176mを約8分で上がり下車、徒歩でホテルを目指す。ホテルのある玉屏地区は黄山の中でも絶景ポイントが集まっており、奇岩や不思議な形の松、雲海など黄山独特の景観を楽しめる。

**仙人が住んでいる!?
神秘的な風景**

**行きたい！
詩歩**
トレッキング好きとしては、ケーブルカーを使わずに自分の足で登りたい！　それにしてもこの場所って、地震が起きたらどうなるんだろう……？

**黄山はお茶の
名産地**

たとえばこんな旅　2泊4日

- 1日目　成田 → 中国国内で2回乗り換え → 屯渓（屯渓泊）
- 2日目　屯渓 → バスで黄山風景区へ → 慈光閣駅からロープウェイ → 玉屏 → 徒歩でジェイド スクリーン タワー ホテルへ（ジェイド スクリーン タワー ホテル泊）
- 3日目　自由行動・日の出を見てトレッキングを楽しむ → 屯渓 → 中国国内で乗り換え →（空港泊）
- 4日目　中国国内空港 → 中国国内で乗り換え → 成田着

**ホテルの客を
迎える迎客松は、
黄山十大松の1本！**

おすすめの季節
7月から9月

黄山には四季があり、どの季節に行っても美しい自然が楽しめるが、気温が高めの夏がおすすめ。雲海は秋から冬にかけてが一番美しい。気温は夏場でも20℃ほどと低く、麓と比べると山頂はさらに10℃前後低くなる。

旅の予算
約13万円から

ジェイド スクリーン タワー ホテルの料金は1泊約9400円〜。公式サイトは中国語のため、予約は旅行代理店や各種予約サイトの利用が便利。屯渓のホテルの宿泊料金は1泊約6000円〜。

旅のポイント

黄山は中国屈指の美しい山、雲海の中から連なる峰々が現れる風景は水墨画のよう。この地域は黄山風景区と呼ばれ、区内には遊歩道や登山道、ロープウェイが整備されており、山歩きが楽しめる。ホテルの位置する玉屏地区は黄山の観光地の中心でもある。展望台にも近いので、滞在中はぜひとも早起きをしてご来光を。

**黄山の最高峰・
蓮華峰**

**宏村の風景は
まるで水墨画
のよう**

**+α
のお楽しみ**

黄山市にある世界遺産の村、西逓村と宏村は中国古代の農村の原風景を残す貴重な村。西逓村は四方を山に囲まれ、明・清朝時代の民家124棟、祠3棟が現存。宏村にも明・清朝時代の建物が137棟残っている。白壁の古民家と周囲の山々が織りなす景観の美しさは桃源郷と称される。

© 中国国家観光局（大阪）

おまけネタ　黄山のある安徽省は海に面しておらず、山に囲まれているため、郷土料理も山菜や野生動物、川魚・スッポンなどの食材を多用する。油をたくさん使い、味が濃くてとろみがあり、こってりしているのが特徴。中国ハムとスッポンの煮込み、黄山のハト煮込み、タケノコとキジの醤油煮などが有名。

絶景 38　中華人民共和国
インターコンチネンタル香港

新年の夜空に咲く花に
来年も絶対来るねと誓う

中華人民共和国
インターコンチネンタル香港

絶景へのご案内

18 Salisbury Rd, Tsimshatsui, Kowloon, Hong Kong
+852 2721 1211
http://www.hongkong-intercontinental.jp/

香港国際空港から到着ロビーを出て、空港と市内をつなぐエアポートエクスプレス(AEL)に乗車する。インターコンチネンタル香港がある、九龍サイドの九龍駅までは約21分。九龍駅からは各ホテルを回る、AEL利用客用の無料シャトルに乗り換え、シェラトン／MTR尖東駅で下車。5分ほど海側に向かって歩くと、夜景の名所・ビクトリアハーバー沿いにそびえる巨大なホテルが見えてくる。ホテルに入るとロビーの大きな窓から港を一望できる。

窓の外に香港島が間近に

おすすめ！Lydiaさん
香港は何度も来ているけど、今回は奮発して憧れのインターコンチネンタルのデラックスハーバービュールームに宿泊！ 部屋から見える、ビクトリアハーバーと香港島のきらめく夜景は宝石箱のよう。まさに至福の時。

たとえばこんな旅 ▶ 1泊2日

1日目 羽田 → 香港 → エアポートエクスプレスで市内に
→ 自由行動・おかゆで朝食、尖沙咀の街を散策
（インターコンチネンタル香港泊）

2日目 自由行動・スターフェリーでミニクルーズ、
飲茶やショッピングを楽しむ
→ エアポートエクスプレスで空港へ
→ 香港 → 羽田

朝ごはんにぴったりなやさしい味

プールからの眺めも最高！

おすすめの季節
新年・旧正月

ビクトリアハーバーで花火大会が行われるのは新年のカウントダウンのときや旧正月など。旧正月は年によって日にちが違うので注意を。また、秋となる9月下旬から11月は湿度が低く、観光しやすい。

旅の予算
約8万円から

インターコンチネンタル香港の宿泊料金は1泊約4万1000円〜。予約は公式サイト（日本語）より可能。

旅のポイント

早朝到着便を選ぶと1日たっぷりと遊べる。朝は香港の人と一緒におかゆを。地下鉄を駆使してホテルのある尖沙咀から上環に行くもよし、ビクトリアピークやスカイ100から香港を一望するもよし。夜のハイライトはビクトリアハーバーで毎夜繰り広げられる、シンフォニー・オブ・ライツ。幻想的な光と音のショーは圧巻だ。

香港名物 飲茶もぜひ！

アヴェニュー・オブ・スターズの撮影ポイント

+αのお楽しみ

香港の旺角駅近くの通菜街、通称女人街で知られるナイトマーケットもぜひ訪れたいところ。昼頃から衣類、アクセサリー、小物などの屋台が並び、深夜までにぎわう。買い物の際は値切ることを忘れずに、言い値の4割ぐらいから交渉開始。お腹がすいたら近くの登打士街の惣菜屋の屋台もおすすめ。

©Hong Kong Tourism Board

おまけネタ
街歩きにはオクトパス・カードが便利。日本のICカードPASMOのように地下鉄、バス、スターフェリーなど交通機関や、コンビニでの支払いにも使える。また、交通機関などはこのカードを使うと運賃が割引になる。購入は地下鉄やエアポートエクスプレスの窓口、チャージは各駅のチャージ機（増値機）で。

絶景 39　サンクルーズ リゾート アンド ヨット　韓国

韓国北東部の江陵にあるホテル。韓国屈指の日の出の名所である正東津の海岸にせり出した絶壁の上に、豪華客船をモチーフにしたホテルが建っている。世界初の陸上クルーズリゾートであり、その眺望を求めて国内外から多くの観光客が訪れる。部屋は「日の出側」を指定して予約ができる。

絶景 40　　グランド ハイアット 上海　　中華人民共和国

中国・上海市浦東新区、ジンマオタワーの上層階にあるホテル。56階から88階まで、約115mの高さが吹き抜けになっており、それを円形に囲むように555室の客室が配置されている様子は、見上げても見下ろしても圧巻。世界でも有数の高層ホテルで、一時はギネスに世界一と認定されていた。

絶景 39　韓国
サンクルーズ リゾート アンド ヨット

船酔いの心配は一切なし！
世界一安心なクルーズの旅

**絶景への
ご案内**

- 50-10 JeongDongJin-Ri,GangDong-Myun,GangNeung-City,GangWon-Do, Korea
- +82 33 610 7000
- http://japanese.esuncruise.com/

仁川空港からリムジンバスに乗り、市内の高速バスターミナルまで。バスターミナルで嶺東線に乗り換え、2時間40分で江原道にある江陵市高速バスターミナルに着く。さらにタクシーに乗り換え、約35分で、巨大な客船が崖に乗り上げたような外観の、サンクルーズ リゾート アンド ヨットに到着する。客室はホテルタイプとコンドミニアムタイプに分かれており、どちらも青い海を一望できる。レストランやカラオケ、プールなど各種施設も充実。

日の出が見える部屋も！

1時間に1回転するスカイラウンジ

おすすめ！
ともりん♪さん
レストランの店内は広く、ソファー席やテーブル席があり、合計203席もあるそうです。壁一面が大きなガラス窓になっていて、360度オーシャンビュー！メニューは韓国料理とイタリアンがあります。

たとえばこんな旅▶1泊2日

1日目　羽田 → ソウル
　　　 → 高速バスとタクシーでサンクルーズ リゾートへ・隣接の公園を散策
　　　 （サンクルーズ リゾート泊）
2日目　海上から昇る朝日を見る・マリンスポーツを楽しむ
　　　 → 高速バスでソウルへ
　　　 → 羽田着

正東津近くの束草は、韓国版いかめし「オジンオスンデ」が名物。時間があれば足を伸ばしても。

おすすめの季節

5月から10月

日本と同様に四季がある。夏は一番暑い8月でも平均気温が24℃あたりと涼しい。カヤックなどマリンスポーツを体験するなら7〜8月がおすすめ。なお、7〜9月は降雨量も多いので雨具の準備を。

旅の予算

約6万円から

サンクルーズ リゾートの宿泊料金は1泊約1万5000円〜。予約は公式サイト（日本語）より可能。

旅のポイント

サンクルーズ リゾートがある正東津は、韓国でも屈指の日の出スポット。海岸絶壁にあるリゾートからは、海に輝く見事な朝日が見られる。ホテルのユニークな外観は3万トン級の超豪華客船がモチーフとなっている。また敷地に隣接して、さまざまなテーマを持つ公園や、正東津の海や日本海などを一望できる展望台もある。

海に突き出すデラルーズ ヨットクラブ

日の出と一緒に幸福も掴む!?「祝福の手」

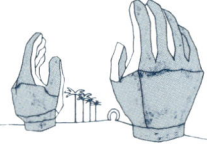

**MORE FUN!
+αのお楽しみ**

併設するデラルーズ ヨットクラブではカヤックやスピードボート、パラセーリング、ジェットスキーなどのマリンスポーツが体験できる。また、洞窟や天然記念物の海岸段丘、扇岩といった海岸沿いの自然を堪能できるヨットツアーも。また海を間近に見ながら食事を楽しめるレストランもある。

おまけネタ　サンクルーズ リゾート近くには公園や展望台があり、散策にちょうどいい。その中のヘドジ（日の出）公園には大型の彫刻作品「祝福の手」があり、日の出とともに見ると荘厳な雰囲気に、思わず幸運を祈りたくなる。床がガラスになっているガラス展望台では、空と海に浮いているような感覚が味わえる。

絶景 40　中華人民共和国
グランド ハイアット 上海

どうせなら最上階に！
高層ホテルに足がガクガク

絶景への ご案内

- Jin Mao Tower, 88 Century Avenue, Pudon Shanghai 200121, People's Republic of China
- +86 21 5049 1234
- http://shanghai.grand.hyatt.com/ja/hotel/abridged/home.html

浦東空港からグランド ハイアット 上海までは車で約50分。ホテルは特別開発区として、発展目覚ましい浦東にある。この地区はアジアのビジネスセンター、金融街として日々発達し続けており、奇抜なデザインの高層ビルが続々と建てられ、近未来的な様相を呈している。その一翼を担う「ジンマオタワー」の高層階にあるのがグランド ハイアット 上海。ゲストルーム全室に床から天井までの窓が設えてあり、眺望も抜群。

絶景派なら リバービューの部屋を

おすすめ！ ケージーさん
外灘の夜景が見たかったので、予約時にリクエスト。幸いにも天気が良くて眺めを堪能することができました。吹き抜けの下は演奏を聴きながらお茶が飲めます。そこから吹き抜けを見上げると、不思議な感覚になりました。

たとえばこんな旅 ▶ 2泊3日

- 1日目　羽田 → ソウルで乗り換え → 上海へ・南京路を散策 （グランド ハイアット 上海泊）
- 2日目　自由行動・上海の見どころを観光 （グランド ハイアット 上海泊）
- 3日目　上海 → ソウルで乗り換え → 羽田着

上海動物園には パンダもいるよ

こんな景色を 眺めながら 食事も！

おすすめの季節

3月から5月
9月から11月

日本と同様に四季があり、夏は暑く37℃以上となる日もあり、降雨量が多い。反対に冬は寒く、最低気温が氷点下になる日も。旅行には気候が穏やかな3〜5月がおすすめ。9〜11月もしのぎやすい。

旅の予算

約13万円から

グランド ハイアット 上海の宿泊料金は1泊約3万6000円〜。予約は公式サイト（日本語）や日本のセールスオフィスで可能。

旅のポイント

歴史的・近未来的な建物が混在し、独特な雰囲気を醸し出す上海は、町中すべてが見どころ。主要な観光スポットを巡るのには、乗り降り自由のダブルデッカーバス「Shanghai GoTour」が効率的だ。

+α のお楽しみ

上海の美しい夜景は必見。特に外灘は1940年代以前に建てられた新古典主義、アールデコやネオ・バロック様式などの建物が、夜になるとライトアップされ幻想的に。また黄浦江から外灘と浦東新区を眺められる、ナイトクルーズもおすすめ。

昔の面影を残す 上海旧市街

上海ガニは オスとメスでは 味が違う!?

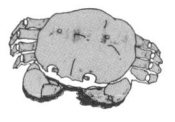

おまけネタ　9〜11月ごろ上海に旅する機会があったら、ぜひとも上海蟹を食べてみたい。9〜10月の産卵前のメス、10〜11月の白子がたっぷり詰まったオスがおいしいとされる。最上品は蘇州近郊の陽澄湖産。生きたまま上海蟹を老酒に漬けた酔蟹が有名で、濃厚な蟹みそを味わえる。

絶景 41　シャングリ・ラ ホテル パリ　　フランス

フランス北部のパリ市街地、セーヌ川沿いに建つホテル。ナポレオン皇帝の末裔が住んでいた邸宅を改装してつくられた。セーヌ川を挟んだ向かい側にはエッフェル塔がそびえ、タワービューの部屋では、室内でゆっくりとくつろぎながら、優美な塔の姿を眺めることができる。

絶景 42　　レ シレヌーゼ　　イタリア

イタリア南部のアマルフィ海岸沿いにある5つ星ホテル。17世紀の貴族の別荘を改築したもので、レストランや客室、プールのテラスから、斜面に広がるポジターノのカラフルな町並みを見渡せる。「レ シレヌーゼ」とはイタリア語で「人魚」という意味で、ホテルの随所に人魚のモチーフが描かれている。

絶景 41　フランス
シャングリ・ラ ホテル パリ

腕を伸ばせば届きそう
エッフェル塔を手の中に！

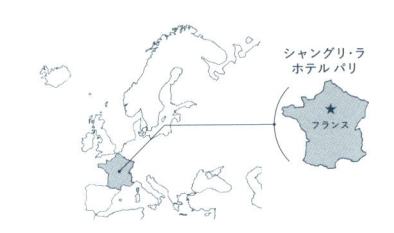

絶景への ご案内

📍 10, avenue d'Iéna, Paris, 75116, France
☎ + 33 15367 1998
🌐 http://www.shangri-la.com/jp/paris/shangrila/

シャルル・ド・ゴール国際空港から、バスで約40〜60分、または電車で約50分、イエナ駅で下車してから徒歩数分でシャングリ・ラ ホテル パリに到着。当ホテルは、パリの一流ホテルのみ許される「パラス」の称号を受けている。

客室は、青、白、ゴールド、ライト・ベージュで統一され、19世紀を思わせるクラシックなインテリア。ほとんどの部屋からは、エッフェル塔やパリの町並みが望める。2軒のミシュランの星付きレストランも併設されている。

エッフェル塔を見ながらシャンパンを

🗣おすすめ！
Belleさん
シャングリ・ラ ホテル パリの部屋からはエッフェル塔を見ることができました。パリに滞在していることを実感させてくれるこの眺めに大満足。お部屋はパリのホテルにしては広めで、高級感もたっぷりです。

たとえばこんな旅 ▶ 3泊5日

- 1日目　成田 → パリ（パリ泊）
- 2日目　シャングリ・ラ ホテル パリへ移動、シャンゼリゼ通り、凱旋門など市内観光を楽しむ（シャングリ・ラ ホテル パリ泊）
- 3日目　自由行動（北マレ地区、サンジェルマン・デ・プレ周辺でショッピングを楽しむ）（パリ泊）
- 4日目　パリ →（機中泊）
- 5日目　成田着

館内に入った瞬間から上質の時間が

おすすめの季節
4月から10月

あたたかくなるのは4月下旬から。7〜8月は日が延び、外にいられる時間も長くなる。夏場は暑い日もあるが湿気が少なく、比較的過ごしやすい。ただし8月はバカンスシーズンなので、休業する店も多い。

旅の予算
約26万円から

シャングリ・ラ ホテル パリのエッフェルタワービュールーム1ベッドルームの宿泊料金は1泊約15万2000円〜。公式サイト（日本語）や日本のセールスオフィスで予約も可能。パリ市内の宿泊料金は1泊6000円〜。

旅のポイント

エッフェル塔は点灯している時間内の毎時0分から、約5分間キラキラ光る特別なイルミネーションが行われるので見逃さないように！なお、現在パリは平常を取り戻しているが、テロなどの事件が今後も発生する可能性は否定できない。渡航には最新の治安状況を確認のこと。

+α のお楽しみ

パリ市内には80カ所以上のマルシェが開催されている。シャングリ・ラ ホテル パリの近くには、朝の7時から水・土曜日に「マルシェ・プレジダン・ウィルソン」という市が立ち、品質の高い食材が並ぶ。このエリアは高級住宅地、パリのマダムたちの日常が垣間見られるかも。

パリのカフェでひと休み

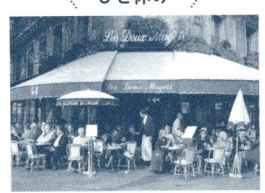

シンメトリーが美しいホテルのロビー

おまけネタ
便利な貸し自転車のシステム「ヴェリブ」。ステーション（貸出・返却場所）の機械で利用登録（登録料：1日1.7ユーロ、7日8ユーロ）すれば車両を借りることができる。ステーションはパリ市内に1800カ所以上。最初の30分は無料。30分を過ぎるごとに1ユーロずつ加算。

絶景 42　イタリア
レ シレヌーゼ

目の前に広がる宝石箱
気分はリトルマーメイド

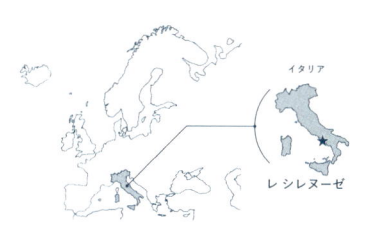

絶景への ご案内

- Via Cristoforo Colombo, 30, 84017 Positano, Italy
- +39 089 875066
- http://www.sirenuse.it/（公式サイト）
  http://www.LHW.com/lesirenuse（リーディングホテルズ）

ナポリ・カポディキーノ空港から車で南下すること約1時間半。世界遺産に登録されている、ポンペイ遺跡で有名なポンペイを通過し、イタリア屈指のリゾート地・アマルフィ海岸に向かう。カラフルな家々が連なる町並みが美しい、ポジターノへと入ってからクリフトフォロ・コロンボ通りへ。カーブの先に赤い色が印象的なレ シレヌーゼの建物が出現する。洗練されたデザインの部屋に入り、テラスに出るとすばらしい眺めが広がる。

アンティークとモダンを組み合わせたインテリアが素敵

おすすめ！ MIYUKIさん
ポジターノに着いて、崖にびっしり建つ建物にびっくり。レ シレヌーゼからの眺望の美しさにも圧倒されっぱなしでした。特にホテルの部屋から見える景色は1日中、眺めていてもあきることはありません。

たとえばこんな旅 ▶ 2泊5日

- 1日目　成田 → イスタンブールで乗り継ぎ →（機中泊）
- 2日目　ナポリ → 車でポジターノ（レ シレヌーゼ泊）
- 3日目　自由行動（ボートやビーチの散歩を楽しむ）（レ シレヌーゼ泊）
- 4日目　ポジターノ → 車でナポリ → イスタンブールで乗り継ぎ →（機中泊）
- 5日目　成田着

断崖の斜面に広がる町並み

おすすめの季節
5月から7月
9月から10月
アマルフィはイタリアの中でも温暖な南イタリアに位置する。夏場は晴天が続き湿気が少ないが、真夏はかなりの暑さとなる。朝晩の寒暖の差も大きく、夏の旅行でも長袖は必需品。

旅の予算
約23万円から
レ シレヌーゼの宿泊料金は1泊約4万円〜。予約は公式サイト（英語）のほか、リーディングホテルズのサイト（日本語）より可能。毎年10月下旬から3月下旬まで休業している。

旅のポイント
ナポリからポジターノまでは、タクシー、レンタカーのほか、鉄道でサレルノへ行き長距離バスに乗り換える、鉄道でソレントへ行き長距離バス、船（夏季のみ運行）に乗り換える、といった方法がある。現地に不慣れな人はホテルのタクシーでの送迎がおすすめ。客室は海に面していない部屋もあるので、予約時に要確認。

+α のお楽しみ
レ シレヌーゼのあるポジターノから車で約30分、もう一つの絶景、アマルフィ海岸の宝石と呼ばれる「エメラルドの洞窟」がある。エメラルドグリーンの海面は息を飲むほどの美しさ。アマルフィの港から洞窟への往復クルーズも出ている。

ミシュランの星を獲得したシェフがいるレストラン

レモンで作るお酒リモンチェッロはアマルフィの特産品。

おまけネタ　レ シレヌーゼでは日替わりで多数のアクティビティのメニューを用意している。ホテルのボートで湾内巡りや、シャンパンを楽しみながらのサンセットクルージング、魚市場の見学やワイン・テイスティングなど。基本的に無料だが一部有料のものもある。

絶景 43　イター アンダーシー レストラン　モルディブ

モルディブ・ランガリフィノール島にあるコンラッド モルディブ ランガリ アイランド内のレストラン。世界で唯一の、水中にある全面ガラス張りのレストランで、太陽や月に輝く海や魚の群れを頭上に見ながら食事ができる。ホテルは「世界のベスト・ウォーターヴィラ」など多数の受賞歴がある名リゾート。

絶景 43　モルディブ
イター アンダーシー レストラン

気分は竜宮城のお姫さま
世界唯一の景色に"乾杯"

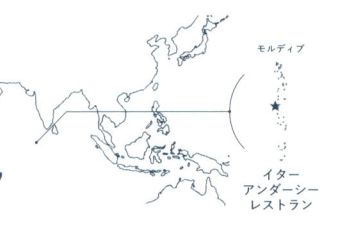

絶景へのご案内

- PO Box 20077, South Ari Atoll, Republic of the Maldives
- +960 6680229
- http://conrad.hilthotels.jp/hotel/maldives/conrad-maldives-rangali-island

イター アンダーシー レストランがあるコンラッド モルディブ ランガリ アイランドは、2つの島にまたがる広大なリゾート。ロマンチックな水上ヴィラやレストラン、スパなどを満喫できる。イブラヒム・ナシル国際空港に着いたら、コンラッド専用ラウンジへ行き、水上飛行機に乗り換え(有料)。約30分でホテルに到着する。島の南にある桟橋を渡ってイターへ。階段で約5m下りると、目の前に水族館のような光景が広がる。

ホテルもリゾート感満点！

水上スパは桟橋の先に

おすすめ！ポンポンさん
靴を脱いで素足で階段を下りていくと、パンフレットでお馴染みの水面下の世界が広がっていました。食事中にエイのカップルが私たちの上を行ったり来たり。キュート！日が傾くと、適度にライトアップされて幻想的でした。

たとえばこんな旅 ▶ 3泊6日

1日目	成田 →(機中泊)
2日目	ドーハで乗り継ぎ → マーレ → 水上飛行機でコンラッド モルディブ ランガリ アイランドへ(コンラッド モルディブ ランガリ アイランド泊)
3日目	マリンアクティビティを楽しむ → 海中レストラン「イター」で食事(コンラッド モルディブ ランガリ アイランド泊)
4日目	コンラッド モルディブ ランガリ アイランド → 水上飛行機でマーレへ(マーレ泊)
5日目	マーレを散策し、空港へ → ドーハ乗り継ぎ →(機中泊)
6日目	成田着

おすすめの季節
1月から4月

11月下旬から4月が乾季。なかでも1月末から4月中旬がベストシーズンだ。雨季の7～9月も、湿度は高くなるがスコールの回数が多くなるだけなので旅行はできる。

旅の予算
約32万円から

コンラッド モルディブ ランガリ アイランドの宿泊料金は1泊約6万円～。予約はホテルの公式サイト(日本語)より可能。イターのディナーの料金は約3万円～。マーレのホテルは1泊約1万円～。

旅のポイント

イターの予約は直接ホテルへの連絡が必要(日本語対応あり)。希望日の1ヵ月前から予約可能。席数が少なくすぐに予約が埋まるので、早めに申し込みを。昼間は海中に差し込んできた太陽の光が、波の影響でユラユラ揺れるので、車酔いしやすい人などは要注意。ランチに行く場合は、サングラスを持っていくと安心。

+α のお楽しみ MORE FUN!

2人乗りの潜水艦での海中散歩がおすすめ。他にも夜のマンタウォッチングなど、さまざまなアクティビティが用意されている。のんびり派は、サンゴ礁の上にあるスパでマッサージを。イブラヒム・ナシル国際空港からほど近い首都マーレではイスラム寺院やフィッシュ・マーケット見学が楽しめる。

潜水艇だから海中散歩もラクラク

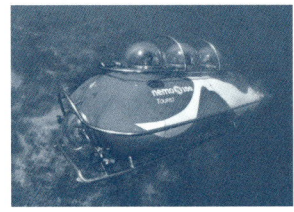

イルカ探しツアーにも参加できるよ！

©2015 Conrad Hotels & Resorts

おまけネタ
イブラヒム・ナシル国際空港にあるコンラッド モルディブ ランガリ アイランドのラウンジでは、首と肩の10分間無料マッサージが受けられるほか、無料の朝食やランチ、ドリンクを揃える。また、子ども向けのプレイルームや無料Wi-Fi、コンピュータ・ステーションも完備されている。

わたしが行った絶景ホテル
④

バガン ホテル リバービュー（ミャンマー）

text：詩歩

「この国は早く行ったほうがいいよ！」
何人もの人にそういわれ、早速行ってきたミャンマー。

なぜ早く行かなければならないのか。それは、ミャンマーは近年ようやく経済が開放され、外国資本がどんどん入り、新しい建物がまさに建設ラッシュだから。つまり、ずっと保存されてきた"THE ミャンマー"の多くが、この数年で見られなくなってしまうというのです。

飛び立ったのが2015年2月。到着したヤンゴンでは2016年完成予定のショッピングモールやホテルがあちこちで建設真っ最中でした。
軍事政権の面影が残っているのかな、という不安もありましたが、仏教徒がほとんどということもあってか、みな人当たりがよく、ほっとしました。また、よい意味で観光地化されていないため、だまそうと近づいてくる人や物乞いの人もあまりいませんでした。

さて、今回の1番の目的は、ヤンゴンから飛行機で北へ移動したところにある聖地・バガン。過去にビルマ王朝があった古都で、世界三大仏教遺跡のひとつです。
バガンで最も有名なもの、それはパゴダです。まるでスライムのような形をした仏塔のことで、大きいものから小さいもの、黄金のものから白いものまで、様々なパゴダがなんと3000以上も広大な平原に建っていると言われています。第1弾の書籍でも、夕日をバックにしたパゴダの絶景をご紹介しました。また、本書のあとがきの写真はわたしが同じ場所から撮影したものです。

しかし、各地に点在するパゴダを巡るのはかなり大変です。わたしは自転車で半日かけて回ったものの、じっくり見ていたら10個しか訪れることはできませんでした。
せっかく来たのにじっくり見られないなんて……という悩みをあらかじめ想定していたわたしが、今回宿泊先として選んだのが、「バガン ホテル リバービュー」でした。
このホテルは、考古学保護区に指定され、城壁に囲まれた「オールドバガン」地区にあるホテルです。その魅力は、何といってもホテル内にパゴダがあること！

ホテル内にあるパゴダ。ここだけ違う時代のような感覚に。

レストランの横に、緑に包まれるようにひっそりと茶色いパゴダがたたずんでいました。11世紀半ばに建てられたこのパゴダには、靴を脱いで入れます。中の広さは10畳ほどでしょうか。埃っぽいパゴダの中には仏像とわたししかいませんでした。
仏像と対面し、目を閉じます。すると、それまで感じなかった、川のせせらぎや風に揺れる木の葉の音が耳に入ってきて、視覚以外の感覚が敏感になりました。そしてなぜか目をつぶっているのに見つめられているような、そんな不思議な感覚におそわれます。
なんだか心の中を見透かされてしまったような恥ずかしい気持ちになり、そそくさとパゴダから出てきました。

観光スポットになっているパゴダでは絶対に味わえない、静かで、穏やかで、風のように滑らかに流れる時間。そんな時の流れを感じることができた、ミャンマーの古都のホテルでした。

エーヤワディー川を望む屋外レストラン。

バガン ホテル リバービュー
Near Archeological Museum, Old Bagan,
Mandalay Division, Myanmar.
+95 61 60317
http://bagan.kmahotels.com（英語）

この絶景コラムをカラーで見よう！　詩歩公式Blog「Shiho and…」でカラー写真を公開中！　http://shiho.me/644

119

絶景 44　ザ・サグアロ パーム スプリングス　　アメリカ

米西海岸カリフォルニア州の砂漠の町にあるホテル。外壁からベッドカバーにまで施されているカラフルなデザインは、砂漠に咲く色鮮やかな花をイメージしたもの。付近は、野外音楽祭や国際映画祭などが開催されるにぎやかな地域で、ホテルのプールサイドでも映画上映会やパーティーが催されている。

絶景 45　セント レジス プリンスヴィル リゾート　　アメリカ

米ハワイ諸島最古の島であるカウアイ島北部に位置するリゾートホテル。広さ約4600㎡のインフィニティプールからは、カウアイ島最大のハナレイ湾や、険しい稜線が美しいマカナ山脈が織りなす風景を眺めることができる。島の豊かな自然を堪能できる海や山のアクティビティも豊富。

絶景 44 アメリカ
ザ・サグアロ パーム スプリングス

自然にココロが踊りだす♪
POPでキュートなホテル

絶景へのご案内

1800 E Palm Canyon Dr, Palm Springs, CA, USA
+1 760 323 1711
http://www.jdvhotels.com/hotels/california/riverside-hotels/the-saguaro-palm-springs/

おすすめ！ Nobukoさん
ロビーからお部屋の中までカラフルでキュートな、超女子好みのホテル。プールに面した部屋はプールから聞こえる音楽などで、ちょっとにぎやかすぎるかも。街にはおしゃれなレストランやショップもたくさん。

ロサンゼルスから車で東に向かう。車が進むにつれて風景も次第に殺風景に。風力発電の風車が平地や山の上に立ち並ぶ風景や、砂漠の中に続く道を見ながら2時間ほどで、砂漠に突然出現するパーム スプリングスの町が見えてくる。町で一番にぎやかなストリート、パームキャニオンドライブの入口では、巨大なマリリン・モンローが出迎えてくれる。そのまま南下し、左折してイースト・パームキャニオンドライブを走ると、カラフルなホテルが現れる。

全室バルコニーか中庭付き

たとえばこんな旅 ▶ 2泊4日

1日目 成田 → ロサンゼルス
→ 車でパーム スプリングスへ
（ザ・サグアロ パーム スプリングス泊）
2日目 自由行動・ロープウェイに乗り
空中散歩を楽しむ
（ザ・サグアロ パーム スプリングス泊）
3日目 パーム スプリングス
→ 車でロサンゼルスへ →（機中泊）
4日目 成田着

メキシカンレストラン「エル・ヘフェ」でテキーラを

おすすめの季節
3月から4月
3～4月にかけては気候もよく、花も咲いておすすめの時期。また冬も過ごしやすく、富裕層の避寒地となっている。夏は40℃以上になることも多いが、砂漠なので寒暖の差が大きい。

旅の予算
約13万円から
ザ・サグアロ パーム スプリングスの宿泊料金は1泊約1万4000円〜。予約は公式サイト（英語）より可能。

旅のポイント
アメリカ料理界最高の賞であるジェームズ・ビアード賞を受賞したホセ・ガルセスが監修した、ホテルのレストラン「エル・ヘフェ」「ティント」はぜひ訪れたい。また、パーム スプリングスはスパ、カジノ、ゴルフ場など観光スポットも充実。キャニオンドライブ沿いはおしゃれなレストランやショップが軒を連ねる。

+α のお楽しみ
買い物好きには、デザート ヒルズ プレミアム アウトレットがおすすめ。ブランドショップをはじめとして180以上のショップが集まる。また毎木曜の夕方から夜にかけて、キャニオンドライブで開催される青空市には200以上の屋台が出店する。

スパメニューも充実

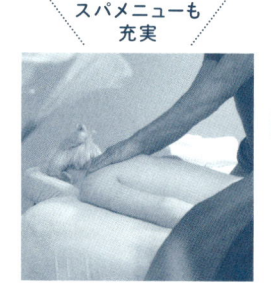

町の入口でモンローがお出迎え

おまけネタ パーム スプリングスの観光客に人気なのが、麓のバレー駅と頂上のマウンテン駅の間、約1800mの標高差を楽しむエアリアル・トラムウェイ。ケーブルカーゴンドラが360度回転しながら登っていくので、周囲の景観をくまなく見渡せる。季節によっては町の気温は高くても、頂上は雪景色ということもある。

絶景 45　ハワイ
セント レジス プリンスヴィル リゾート

恐竜が出てきそう？
プールから眺める原始の森

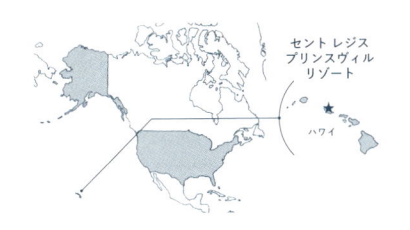

絶景への
ご案内

- 5520 Ka Haku Road, Princeville, Kauai, Hawaii, USA
- +1 808 826 9644
- http://jp.stregisprinceville.com/

オアフ島のホノルル国際空港から約30分のフライトでカウアイ島のリフエ空港に到着。空港からの送迎サービスはないので、レンタカーを借りるのが便利。クヒオハイウェイに乗り、右手に海を見ながら約47km北上したら、右折してカハクロードに入る。突き当たりまで進んだ先がホテル。所要時間は約1時間。パーキング料金は1日$30。観光名所の「ワイオリ ミッション ハウスと教会」などがあるハナレイ タウンまでは、車で約15分。

> バーのアウトサイド席は
> とっても開放的

おすすめ！
大薮純子さん
レストランから眺めるハナレイ湾が素敵なので、食後もついつい長居をしてしまいます。

カウアイ島は、アメリカでも有数のコーヒー産地。

たとえばこんな旅 ▶ 3泊5日

1日目	成田 → ホノルル → カウアイ島へ（セント レジス プリンスヴィル リゾート泊）
2日目	ホテル滞在やアクティビティを満喫（カウアイ島泊）
3日目	自然保護区などを散策（カウアイ島泊）
4日目	カウアイ島 → ホノルル →（機中泊）
5日目	成田着

> ハナレイ湾に
> 面して建つ
> ホテル

おすすめの季節
通年
通年平均気温は20～29℃。内陸部は熱帯雨林が広がるが、沿岸部は乾燥している。ホエールウォッチングは、1月から4月初旬。夜の冷え込み対策として、薄いジャケットなどを持っていくといい。

旅の予算
約20万円から
セント レジス プリンスヴィル リゾートの宿泊料金は1泊約6万円～。予約は公式サイト（日本語）より可能。カウアイ島のホテルの宿泊料金は1泊約1万円～。

旅のポイント
大自然を感じながらビーチやプールサイドでのんびり過ごすのがこのホテルの醍醐味。アクティブに過ごしたい人は、サーフィン・レッスンや川下りツアー、スキューバダイビング・ライセンス取得コース、ガイド付きのオーシャン・ツアーなど、ホテルが用意するアクティビティに参加してみては（有料）。

MORE FUN! +α のお楽しみ
近くのキラウエア・ポイント国立野生動物保護区では、アホウドリなど絶滅危惧種と出会えることも。「太平洋のグランドキャニオン」と呼ばれるワイメア峡谷の展望台から、雄大な自然を眺めるのもおすすめだ。熱帯雨林でハイキングを楽しむ場合は、フード付きのレインコートを持っていこう。

> 世界最高レベルの
> ゴルフコースを体験！

> 大自然を上空から
> 楽しむヘリコプター
> ツアーも！

おまけネタ　リフエ空港から車で10分ほどのところにある「ククイ グローブ センター」は、約50店舗からなるカウアイ島最大のショッピングセンター。デパートから地元の個性的なショップまで、さまざまなお店があるので、空港に行く前にお土産探しに寄りたい。

絶景 46　ヴァイスロイ・バリ　　インドネシア

バリ島中部、芸術の村として知られるウブドにある家族経営のリゾートホテル。全室が"王家の谷"とされるプタヌ渓谷に面しており、渓谷に向かって流れ落ちるような形に設計されたインフィニティプールでは、まるでジャングルに浮かんでいるかのような気分を味わえる。

絶景 47　星のや軽井沢　　長野県

長野県東部・浅間山のふもとに広がる「星野リゾート」発祥の旅館。豊かな自然と施設が融合しており、またエネルギー自給率は約75％を誇る。夜になると、敷地の中心を流れる川に置かれた行灯に火が灯され、暗闇の中で水面に光が揺れる幽玄な世界に浸ることができる。

絶景 46 インドネシア
ヴァイスロイ・バリ

神々の住む島で
沸き起こるインスピレーション

インドネシア
ヴァイスロイ・バリ

絶景への ご案内

- Jl. Lanyahan, Br Nagi, Ubud, Bali 80571, Indonesia
- +62 361 971 777
- http://www.viceroybali.com/jp/

すべてのヴィラが プタヌ渓谷に面している

ヴァイスロイ・バリは、ウブドの中心地から車で5分ほどのところにあるヴィラタイプのホテル。バリ島南部の海沿いにあるデンパサール国際空港から、送迎車（有料）に乗って約1時間。緑豊かな内陸部に入ると、見渡す限りの渓谷と田園風景に囲まれ、大自然に寄り添うようにたたずむヴァイスロイ・バリがある。ウブドは建築、芸術など見どころが多いが、ホテルではウブド市内への無料送迎サービスも行っているので、観光もしやすい。

💬 **おすすめ！**
ボク旅、キミ旅。世界一周さん
本当に最高の時間でした。「新婚旅行でバリ島のプール付きのホテルでゆっくりする」というのが夢だったボクたちの理想がそのまま形になったような1日。生まれて初めて、こんな贅沢な時間を過ごした気がします。6年間社会人で働いてきて良かったね。と思えた1日でした。ここ、新婚旅行におすすめです♪

たとえばこんな旅 ▶ 2泊5日

1日目	成田 →（機中泊）
2日目	クアラルンプールで乗り継ぎ → デンパサール → 車でウブドへ →（ウブド泊）
3日目	ウブド観光 → ヴァイスロイ・バリへ（ヴァイスロイ・バリ泊）
4日目	ウブド観光 → 車でデンパサールへ → クアラルンプールで乗り継ぎ →（機中泊）
5日目	成田着

バリらしさ満載！ 南国風のロビー

おすすめの季節
4月から9月

4〜9月の乾季がベストシーズン。ただし、乾季は昼と夜の温度差が激しいので、羽織るものを持っていくと夜の外出時などに便利。日差しが強いので、日焼け止めやサングラスは必携アイテム。

旅の予算
約12万円から

ヴァイスロイ・バリの宿泊料金は1泊約5万5000円〜。予約は公式サイト（日本語）より可能。ウブドのホテルの宿泊料金は1泊約4000円〜。

旅のポイント

ホテルでは、エレファントライドや乗馬、ラフティングツアーなど、さまざまなアクティビティの手配が可能（有料）。また、ウブドの町ではショッピングなど観光も楽しめる。ただし、バリ島ではスリやひったくり、睡眠薬強盗などが多発しているので、巻き込まれないように十分に注意したい。

ウブドの森を 身近に感じながら トリートメントを

モンキー フォレストには こんなかわいい お猿さんも

+α のお楽しみ

ホテル内のスパで森の香気に包まれてトリートメントを受けるのもおすすめ。ウブドとその近郊にある、モンキーフォレストやテガラランライステラス（棚田）、サラスワティ寺院など人気の観光スポットを訪れても。芸術の村だけに、ギャラリーや美術館が充実。お土産品が並ぶウブド市場も楽しい。

おまけネタ P124のインフィニティプールの奥にある「カスケードレストラン」は、数多くの受賞歴を持つ、ウブドでも有数のレストラン。7時〜23時まで営業しており、朝食からディナーまで、時間によって表情を変える渓谷や山々を楽しみながら食事ができる。

絶景 47　長野県
星のや軽井沢

都会の喧騒から逃避行
心洗われる水辺の景色

絶景への ご案内

- 長野県北佐久郡軽井沢町星野
- 050 3786 0066
- http://www.hoshinoyakaruizawa.com

東京駅から新幹線で1時間あまりの軽井沢駅で下車。南口からホテルの送迎バスに乗って約15分で到着する。車なら、東京(練馬IC)から関越道、上信越道を経由して約1時間30分。碓氷軽井沢ICから県道43号、国道18号などを経由して走ること約20分。右手に星のやの入口が見えてくる。レセプションでチェックインした後は、星のやの専用車で敷地内へ。川の流れる谷あいに客室が点在する風景が、非日常の世界へと誘ってくれる。

山あいの集落を
イメージした客室

おすすめ！
ペンギンさん
部屋まで回廊を回って行ったり、行灯の揺らいだ光を見ながら、下駄でお風呂に行ったり……。いろいろな仕掛けがあって楽しい。お風呂も迷路のような不思議な空間。どこもフォトジェニックで素敵でした。

たとえばこんな旅 ▶ 1泊2日

1日目　午前　東京 → 新幹線
　　　　　　　　→ 軽井沢
　　　　　　　　→ ホテルの送迎バス
　　　　午後　星のや泊
　　　　　　　(p80～の宿泊体験
　　　　　　　コラムも参照)
2日目　午前　近隣を散策 → 軽井沢
　　　　　　　　→ 新幹線 → 東京

「嘉助」では信州ならではの
旬の味覚が味わえる

おすすめの季節
通年
春は新緑と花々、夏は高原の香気、秋は紅葉、冬は銀世界と、四季折々に楽しみがある。真夏でも平均気温は20℃前後と過ごしやすい。逆に冬は平均でも－4℃近くまで下がるので、防寒対策はしっかりと。

旅の予算
約8万円から
星のやの宿泊料金(食事別)は1泊6万2000円～。公式サイトなどから予約可能。

旅のポイント
「男のひとり旅」「おひとり様のご褒美滞在」「軽井沢・三世代旅」「脱デジタル滞在」といったオリジナリティあふれるプランや、90日前優待、120日前優待などのお得なプランもある。瞑想空間メディテイションバスでの温泉アクティビティや水辺でストレッチとお茶を楽しむプログラムなど、癒やしの提案もいろいろ。

+α のお楽しみ
高原の乗馬やトレッキング、ネイチャーウォッチングなど、自然を満喫できるアクティビティも豊富。宿泊費に食事代は含まれていないので、星のやのメインダイニング「嘉助」のほか、同じ星野エリアにある「村民食堂」や「ハルニレテラス」、「軽井沢ホテルブレストンコート」を利用しても。

トレイルランニングで
忘我の境地に

馬の上から
浅間山麓の
景色を楽しむ

おまけネタ　軽井沢ホテルブレストンコート内のフレンチレストラン「ユカワタン」のシェフ、浜田統之さんは30年近い歴史を誇る国際料理コンクール「ボキューズドール」で日本人初の3位を受賞したスゴ腕。魚料理では最高得点を獲得し、世界各国の審査員をうならせた。

絶景 48　プレンディパルテの塔　イタリア

イタリア北部ボローニャにある、12世紀に建てられた塔。現在は改築され、ホテルとしても営業している。高さ61mの屋上からは360度のパノラマビューが広がり、町を一望できる。18世紀後半には刑務所だった歴史があり、施設内にはあえて当時の囚人の落書きなどが残されている。

絶景 49　ダウンタウン　メキシコ

メキシコ中心部、世界遺産であるメキシコシティ歴史地区内のホテル。17世紀に建てられたコロニアル様式の宮殿に、現代的なリノベーションが施されている。中庭の壁には、空気汚染を解決するためにデザインされた垂直型の庭があり、レストラン「Padrinos Centro」では、その壁の真下で食事ができる。

絶景 48　イタリア
プレンディパルテの塔

囚人の嘆き声が聞こえる!?
元刑務所のユニークホテル

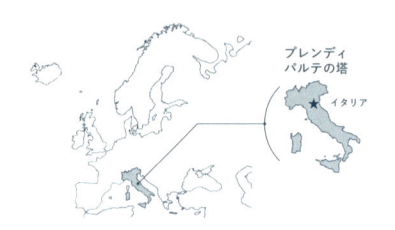

絶景への ご案内

- Piazzetta Prendiparte 5, 40126 Bologna, Italy
- +39 335 5616858
- http://www.prendiparte.it/index.php?lang=en

19世紀テイストの家具や調度品でまとめられた室内

グリエルモ・マルコーニ空港からボローニャの中心街にあるミッレ駅までは、シャトルバスBLQで約30分。ミッレから徒歩約10分で、重厚な煉瓦色のプレンディパルテの塔に到着する。地理に不慣れなら、タクシーを使うと安心。

空港から塔まで約20分で着く。塔から名所のひとつであるネプチューンの泉までは徒歩約5分、ガリレオ・ガリレイなども在籍した、ヨーロッパ最古の総合大学、ボローニャ大学まで徒歩約10分と、観光にも便利だ。

行きたい！
詩歩
学園祭の肝試し部屋ですら怖いわたし。元刑務所と聞くと囚人たちの魂が夜中にさまよいそう……お化けの怖くない友達と一緒に来なくっちゃ。

たとえばこんな旅 ▶ 3泊5日

- 1日目　成田 → ローマで乗り継ぎ → ボローニャ → シャトルバスで中心街へ（ボローニャ泊）
- 2日目　ボローニャの街を観光（プレンディパルテの塔泊）
- 3日目　ボローニャの街を観光（ボローニャ泊）
- 4日目　ボローニャ → ローマ乗り継ぎ →（機中泊）
- 5日目　成田着

塔の屋上で2人だけの時間を満喫♪

おすすめの季節

4月から5月
9月から10月

気候がいいのは、春と秋。夜は気温が下がるので、薄手のジャケットなどを持っていこう。冬は最低気温が零下まで下がることもあって寒い。ただ、降水量は年間を通して少なく、夏は東京の半分にも満たない。

旅の予算

約16万円から

プレンディパルテの塔の宿泊料金は1泊約5万2000円～。予約は電話か公式サイト（英語）の"CONTACTS"から。下記サイトからも予約可能。ボローニャのホテルの宿泊料金は1泊約5000円～。
http://www.unusualhotelsoftheworld.com/TorrePrendiparte

旅のポイント

宿泊できるのは1日1組のみで、歴史ある塔を"独り占め"できるのが最大の魅力。希望すれば、塔の中でディナーを食べたり、パーティを開くこともできる。誕生日や記念日のサプライズに利用する人が多い。夏には塔から歩いて5分ほどのマッジョーレ広場で、無料の映画上映会や美術展なども行われる。

+αのお楽しみ

ボローニャは「塔の街」として知られる。11～14世紀、貴族たちは富と権力の象徴として、また防衛のために競って塔を建てた。当時は200本も林立していたという説もあるが、今は20本ほど。ピサの斜塔のように傾いたガリセンダの塔とアシネッリの塔が有名。アシネッリの塔は階段で上ることも可能。

左がガリセンダの塔で、右がアシネッリの塔です！

ボローニャは、ポルティコと呼ばれる屋根付きの柱廊も有名

おまけネタ　スパゲッティでおなじみの、肉とトマトが入ったソース・ボロネーゼは、ボローニャが発祥といわれる。現地での呼び方は「ラグー・アッラ・ボロニェーゼ」。幅の広いきしめんのようなパスタ、タリアテッレと合わせるのが一般的。本場でぜひお試しを。

絶景 49 メキシコ
ダウンタウン

宮殿の壁に、庭と自転車？
時空を超えた不思議体験

絶景への ご案内

- Isabel la Catolica #30, Colonia Centro, Mexico
- +52 55 5130 6830
- http://www.downtownmexico.com/

メキシコシティのベニート・フアレス国際空港からタクシーで約20分、世界遺産に登録されているメキシコシティの歴史地区へ。その中にある複合施設「ダウンタウン」の一角にホテルがある。垂直の庭があるのは中庭部分。屋上にはプールや開放的なバーもある。観光にも絶好のロケーションで、見どころの多くは徒歩圏内。中央広場のソカロまで約5分、大統領府の国立宮殿まで約7分、アステカ帝国の中央神殿跡であるテンプロ・マヨールまで約10分。

壁のレンガがユニークな客室

おすすめ！
北尾崇さん
友人に誘われていきましたが、外装は中世っぽく、内装は縦に芝生がつくられていて独特の雰囲気を感じました。料理も本当に美味しかったです！

たとえばこんな旅 ▶ 3泊5日

- 1日目　成田 → ロサンゼルス乗り継ぎ → メキシコシティ → タクシーでダウンタウンへ（ダウンタウン泊）
- 2～3日目　メキシコシティ散策（ダウンタウン泊）
- 4日目　メキシコシティ → ニューヨークで乗り継ぎ →（機中泊）
- 5日目　成田着

歴史的な建物に囲まれてプールサイドでのんびり

おすすめの季節
5月から10月

11～4月が乾季で、一般にはこの季節が観光シーズン。ただ、メキシコシティでは、5～10月の雨季のほうがスモッグが少なくておすすめ。雨季でもスコールが短時間降るだけなので、問題はない。

旅の予算
約16万円から

ダウンタウンの宿泊料金は1泊約1万4000円～。予約は公式サイト（英語）より可能。

旅のポイント

コロニアル様式の建物が軒を連ねる歴史地区。その雰囲気に溶け込むようなホテルの重厚な外観や、大きな絵画が飾られた美術館のようなインテリア、シンプルなデザインの客室が魅力だ。メキシコの歴史を今に伝える観光名所とともに、この地域の空気をたっぷり堪能したい。

クラシックのコンサートなどが行われるベジャス・アルテス宮殿

+α のお楽しみ

古代文明に興味があるなら、ホテルからタクシーで20分ほどの国立人類学博物館がおすすめ。テオティワカン、マヤ、アステカなどの遺跡の壁画や石像を展示している。建築に関心があるなら、ゴシック様式のメトロポリタン・カテドラルも。民芸品が並ぶサンフアン市場やシウダデラ市場も楽しい。

市街を巡る観光バスもおすすめ！　乗り降り自由の2階建てバスと市電型バスがある。

おまけネタ

メキシコで人気のスポーツといえば、サッカーと闘牛、ルチャリブレ（プロレス）。とくにショーアップされたルチャリブレはメキシコ庶民の週末のお楽しみ。一緒に楽しんでみては？　旅行会社が外国人向けのルチャリブレ観戦ツアーを催行しているので、利用すると便利。

絶景 50　ザ・カンブリアン　スイス

スイス中西部、アーデルボーデン村にあるモダンなデザインのホテル。屋外のインフィニティプールは温水で、季節によって変わるアルプス山脈の大パノラマを間近に眺めることができる。また近郊には多くのスキー場があるため、気軽にウインタースポーツを楽しめる。

絶景 50　スイス
ザ・カンブリアン

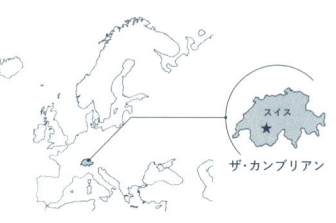

アルプスにはいるのかな？
大人になったあの少女

夏は緑の丘陵が連なり まるでハイジの世界！

絶景へのご案内

Dorfstrasse 7, CH-3715 Adelboden, Bern, Switzerland
+41 33 673 8383
http://www.thecambrianadelboden.com

スイスの首都ベルンから、山間の道を車で走ること約1時間。周囲をスイス・アルプスに囲まれたアデルボーデンの街の中心部に、ザ・カンブリアンが現れる。どの客室からも、スイス・アルプスの雄姿を眺められるのが魅力。窓の外に広がる雪に覆われた冬の山々も、緑あふれる夏の山々もそれぞれに美しい。屋外のプールをはじめスパ設備も整っており、澄み切った空気とともに宿泊客をリラクゼーションの旅へと誘ってくれるはずだ。

> **行きたい！**
> 詩歩
> 壮大な雪山を眺めながら、温水プールに浸かる……これって、日本の雪見温泉の醍醐味と似ているかも!? 国は違えど、リラックス方法は一緒なのかもしれないなぁ。

たとえばこんな旅 ▶ 3泊5日

- 1日目　成田 → デュッセルドルフとミュンヘンで乗り継ぎ → ベルンへ → 車でアデルボーデンへ（ザ・カンブリアン宿泊）
- 2日目　アクティビティを楽しむ（ザ・カンブリアン宿泊）
- 3日目　アクティビティを楽しみ、アデルボーデンへ → ベルン（ベルン泊）
- 4日目　ベルン → ミュンヘンとデュッセルドルフで乗り継ぎ → （機中泊）
- 5日目　成田着

シンプルで清潔感あふれる室内

おすすめの季節
12月から3月
5月から9月

12〜3月はスキーシーズン。気温は低いが、雪化粧したアルプスの眺めが楽しめる。気候のよい5〜9月は観光のベストシーズン。草花が咲き誇る春から初夏にかけては、とくに景観が美しい。

旅の予算
約18万円から

ザ・カンブリアンの宿泊料金は1泊約2万3000円〜、予約は公式サイト（英語）より可能。ベルンのホテルの宿泊料金は1泊約1万円〜。

旅のポイント

冬ならクロスカントリースキーなどのウインタースポーツにチャレンジしてみよう。夏なら、ガイド付きのハイキングやラフティング、伝統的なチーズメーカー見学などがおすすめ。のんびり派は、温水プールからアルプスを眺めたり、屋外に設置されたハンモックに揺られてお昼寝を楽しむのもいい。

+αのお楽しみ

ホテルでは、テニスやゴルフ、パラグライダーはもちろん、ヘリコプターツアーやGPSハイキングツアーなど、さまざまなアクティビティを用意している。買い物好きなら、近くのリゾート地・インターラーケンへのショッピングツアーもおすすめ。

ハンモックでお昼寝も楽しい

夏はリャマに乗ってトレッキングを楽しむツアーも

おまけネタ

ベルンの旧市街は、世界遺産にも登録されている趣深いエリア。400年以上をかけて完成させた大聖堂や16世紀から時を刻み続けてきた時計塔、ヨーロッパ最長ともいわれる石造りのアーケードなど、見どころは多い。ベルンに泊まったら街探索に出かけよう。

わたしが行った絶景ホテル
⑤

百楽荘（石川県）

text：詩歩

北陸新幹線が開通し、アクセスがよくなった石川県。しかしちょっとひねくれ者のわたしは、「新幹線が開通して混む前に行ってやる！」と思い、2013年4月、北陸の絶景めぐりに繰り出しました。

東京から車で行くこと、8時間。到着したのは石川県の能登半島の北側にある白米千枚田。世界農業遺産にも認定されている「能登の里山里海」の象徴的な場所です。その特徴は、1000枚以上という棚田の枚数！　わたしが訪れた4月末は、ちょうど田んぼに水が引かれる時期。あいにくの曇り空だったのですが、夕暮れの短いマジックアワーの時間には、淡い紫色が棚田に見事に反射し、とても幻想的な光景が見られました。

夕日を見終え、車で移動すること1時間。本日の宿泊地は能登半島の先端にある「百楽荘」です。
夕食後に訪れたのは、釣り桟橋。百楽荘は九十九湾に面しており、宿専用の釣り桟橋を無料で使えちゃうのです。
「さすがに夜に釣りは無理だよね〜」とのぞき込むと、真っ暗な中、海に垂れるライトの周りに無数の魚の群れ！
「これは釣るしかない」と、急いでフロントで釣具一式とライフジャケットを借りて、釣りスタート！……がしかし、目の前に大群がいるのに、一向にHITせず。わたしたちと同じく、魚もお腹がいっぱいだったようです。

その日の夜は、3年の月日をかけ手で掘られたという洞窟風呂へ。地下通路を抜けた先にあるお風呂は、能登の海洋深層水を汲み上げた、まろやかなお湯。洞窟の暗がりの中でゆらゆらと揺れる光に癒され、そのまま眠ってしまいそうなほどリラックスしてしまいました。

翌朝、あらためて釣り桟橋へ。
釣り好きの友達と初心者のわたしとの勝負、釣り方は、初心者でも簡単な「サビキ釣り」です。釣り糸の先につけたカゴの中にエサを入れ、魚をおびき寄せます。
晴れてキラキラと輝く九十九湾。魚の姿は見えないけれど、何かを感じ竿を引き揚げて見ると、そこには……！
「釣れた〜〜〜！」
1匹のアジが食いついていました。この日の1匹目です。

ビギナーズラックで大漁！　アジを7匹GET。

それからというもの、わたしは同じ場所で連続7匹もゲット！　すべて、ピチピチとしたおいしそうなアジです。
友達はというと、わたしに釣りを教えていたのが原因か、なんと0匹。この対決、わたしの圧勝でした！　ビギナーズラックって、あるんだなぁ。
この宿には、釣った魚を調理して食事に出してもらえるサービスがあるのですが、朝食の場合は1時間前までに申し込みが必要なのに間に合わず、その日チェックアウトだったので隣にいたご家族にプレゼントしてきました。

この旅ではほかにも、高さ最大20mにもなる雪壁が大迫力の「雪の大谷」や、本シリーズの『日本編』にも掲載した「ホタルイカの身投げ」も観賞。大満喫のドライブでした。

自然にお風呂にアクティビティに、絶景天国の北陸地方。新幹線もいいけれど、ドライブで行くのもオススメです！

風を感じながらの釣りは、最高に気持ちがいい！

百楽荘（ひゃくらくそう）
石川県鳳珠郡能登町越坂11-34
0768-74-1115
http://www.100raku.com

この絶景コラムをカラーで見よう！　詩歩公式Blog「Shiho and…」でカラー写真を公開中！　http://shiho.me/644

絶景 51　ザ・ウィンザーホテル洞爺リゾート&スパ　　北海道

北海道西部にあるデラックスリゾートホテル。標高625mの山の上に建っており、すべての部屋から洞爺湖または海が見える。時に雲海が発生し、一面に広がる様子が部屋や施設から見られ、逆に近隣の高台からはホテルが雲の上に浮かぶ"天空のホテル"のような姿が見られる。08年の主要国首脳会議の開催会場。

絶景 52　杉乃井ホテル　大分県

大分県別府市にある大型リゾートホテル。大展望風呂「棚湯」は露天風呂としては日本最大級の広さを誇り、棚田のように段状に広がる湯船からは別府湾や夜景を見ることができる。別府八湯のひとつである観海寺温泉から源泉を引いており、湯面に空の色が反射する様子が美しい。日帰り入浴も可能。

絶景 51 北海道
ザ・ウィンザーホテル洞爺リゾート＆スパ

朝目覚めたら天国かも？
雲海に浮かぶ天空ホテル

絶景へのご案内

- 北海道虻田郡洞爺湖町清水
- 0142 73 1111
- http://www.windsor-hotels.co.jp/

新千歳空港駅からJRの「快速エアポート」に乗り、1駅隣の南千歳駅で「スーパー北斗」または「特急北斗」に乗り換え、1時間20分で洞爺駅に到着。あるいは南千歳駅から「L特急すずらん」に乗り、東室蘭駅で特急または普通列車に乗り換え洞爺駅まで行く。到着時間によっては、無料シャトルバスが駅で待っており、それに乗ってホテルまで行くことができる。車の場合は空港または札幌から約2時間で、ホテルに到着する。

部屋からは洞爺湖または内浦湾の景色が

おすすめ！
OSAMUさん
ホテルからの景観は、360度遮る物が存在せず、東に洞爺湖、西に内浦湾が見える絶景。噂に違わず、景色は抜群です。また夜のロビーは窓ガラスいっぱいに映るシャンデリアの光が、ものすごくきれいでした。

たとえばこんな旅 ▶ 1泊2日

1日目 成田 → 新千歳空港 → JRで洞爺駅へ
→ シャトルバスでザ・ウィンザーホテル洞爺リゾート＆スパへ
有珠山ジオパークツアーに参加
（ザ・ウィンザーホテル洞爺リゾート＆スパ泊）

2日目 自由行動・吹きガラスに挑戦
→ シャトルバスで洞爺駅へ
→ JRで新千歳空港へ → 成田着

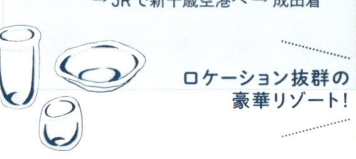

アクティビティの吹きガラス体験でオリジナルの器がつくれます。

ロケーション抜群の豪華リゾート！

おすすめの季節
5月から10月
洞爺湖は四季を通して美しい景色や、さまざまなスポーツが楽しめるが、とくにおすすめの旅行シーズンは、春から秋にかけて。さわやかな気候で洞爺湖の自然も満喫できる。雲海の発生率が高いのは6月。

旅の予算
約5万円から
スーペリアルームの宿泊料金は1泊2万5245円〜。滞在スタイルに応じていろいろな宿泊プランがあるのでチェックを。予約は公式サイトより可能。

旅のポイント
洞爺湖と内浦湾を見渡し、北海道の雄大な自然に抱かれるようにたたずむザ・ウィンザーホテル洞爺リゾート＆スパ。ホテルから見えるダイナミックで神秘的な自然はため息もの。また洗練されたホスピタリティが味わえるのも、国際級ホテルならではの醍醐味。

+αのお楽しみ
夜の洞爺湖も楽しみがいっぱい。4月末から10月末までは、毎日20時45分から21時5分まで、洞爺湖畔の花火が楽しめる。またホテルでは年間を通して、ガイド付きで北海道の満天の星を見る約1時間のナイトツアーを開催している。

おすすめは洞爺湖側のレイクビューの部屋

パノラマビューのゴルフ場！雲海の上でのプレーは最高

おまけネタ
リゾート内には、21世紀のフランス料理界を代表するシェフとして名を馳せる、ミシェル・ブラスの世界唯一の支店「ミシェル・ブラス トーヤ ジャポン」がある。北海道の食材を使い、ブラスの下で修行を積んだシェフによる料理が楽しめる。ミシュランガイド北海道版で3つ星を獲得。

絶景 52　大分県
杉乃井ホテル

これぞ新しい日本の文化
"インフィニティ温泉"！

絶景へのご案内

- 大分県別府市観海寺1
- 0977 24 1141
- http://www.suginoi-hotel.com/

東京・羽田空港から大分空港までは約1時間40分。空港からは、左手に別府湾を眺めながらエアライナー（空港特急バス）に揺られること約40分で別府北浜停留所に到着する。ここから10分ほど歩くと別府駅。駅の西口からはホテルの無料シャトルバスが運行しているのでそれに乗ろう。約15分でホテルに到着する。JRなら、東京駅から新幹線（のぞみ）で小倉駅まで約5時間。ここからJR特急に乗れば、約1時間で別府駅に到着する。

ベッドルームと畳の部屋がひとつになった和洋室

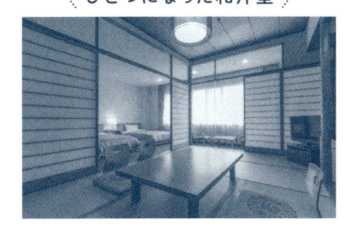

いいね！
杉山千裕さん
広くてきれいに保たれてて、景色もよくて、時間帯によってはほぼ貸切状態だったりします。でも基本的にお客さんは多いです。

たとえばこんな旅 ▶ 2泊3日

- 1日目　午前　羽田 → 飛行機で大分空港へ
- 　　　　午後　エアライナーで別府北浜へ → 徒歩で別府駅へ
- 　　　　　　　→ ホテルの送迎バスで杉乃井ホテルへ（杉乃井ホテル泊）
- 2日目　別府の街を散策（杉乃井ホテル泊）
- 3日目　午前　別府北浜 → エアライナーで大分空港へ
- 　　　　午後　大分空港 → 羽田着

とり天はサクサク感がたまらない

鶴見岳を背にし、別府湾を望む高台に建っています！

おすすめの季節
通年
別府市のある大分県中部は内海型気候で、1年を通して雨が少ないのが特徴だ。ただし、夏の日中は35℃くらいまで上がるので暑さ対策は万全に。昼と夜の寒暖の差も激しいので、羽織るものを用意していこう。

旅の予算
約5万円から
杉乃井ホテルの宿泊料金（2食付き）は1泊約1万1500円〜。予約は公式サイトより可能。

旅のポイント
「直行バス付きプラン」や「日〜金プラン」「杉乃井ホテル＋航空券パッケージプラン」など、さまざまなお得プランを実施しているので利用しても。また、水着で遊べる温泉施設「ザ アクアガーデン」や地熱発電を利用した200万球のイルミネーションなどがおすすめ。食事はバイキングや和食、イタリアンコースが揃う。

+αのお楽しみ

別府といえば、地獄めぐり。コバルトブルーの「海地獄」、熱水が豪快に噴き出る「龍巻地獄」など個性豊かなところばかりで、温泉の奥深さがよくわかる。食いしん坊さんなら、98℃の天然温泉の噴き出しに食材を乗せたザルを置いて蒸す「地獄蒸し」が体験できる「地獄蒸し工房 鉄輪」はいかが？

「ザ アクアガーデン」は水着で遊べる温泉施設です！

海地獄では5〜11月、オオオニバスなどの花が咲き誇ります

おまけネタ
別府市石垣東にある東洋軒は、大分名物・とり天発祥のお店だ。昭和初期に、東洋軒の創業者、宮本四朗さんが中華料理を和風にアレンジして完成させたのがはじまり。秘伝のしょうゆベースのタレで味付けされた"元祖とり天"は持ち帰りも可能。そのまま食べても、大分名産のかぼすを絞ってもおいしい。

絶景 53　ザ・プリンス さくらタワー東京　　東京都

東京・品川駅近くにあるホテル。ホテルに面する広さ約2万㎡におよぶ日本庭園には19種約230本の桜があり、開花の時期には客室やレストランから満開の桜を楽しむことができる。ホテルの象徴でもある桜のモチーフは、客室内のアートワークやカーペットなど随所に散りばめられている。

絶景 54 　日本平ホテル　　静岡県

静岡県静岡市清水区にあるホテル。正面に霊峰富士を望み、「風景美術館」のコンセプトのもと、景色がまるで絵画に見えるように設計されている。チャペルやラウンジ、客室などいたるところで富士山鑑賞ができる。広大な庭園は、ドラマ『華麗なる一族』のロケ地として使用された。

絶景 53　東京都
ザ・プリンス さくらタワー東京

桜を見ると毎年想う
日本に生まれてよかったなぁ

©Nacasa & Partners Inc.

絶景への ご案内

📍 東京都港区高輪3-13-1
☎ 03 5798 1111
🌐 http://www.princehotels.co.jp/sakuratower/

新幹線、JR線、京浜急行線の品川駅で降り、高輪口を出てさくら坂を登っていくこと約3分で、ホテルのエントランスに着く。広い日本庭園に面したホテルは落ち着いた雰囲気。春なら、美しい満開の桜がゲストの目を楽しませてくれる。また、品川プリンスホテルと高輪エリアのプリンスホテルを結ぶ無料のシャトルバスも20分間隔で運行。飛行機で来る場合は、リムジンバスを利用すれば、成田空港からは約90分、羽田空港からは約45分でホテルに到着する。

大きな窓から満開の桜が望める デラックスコーナーキング

©Nacasa & Partners Inc.

🗨 おすすめ！ choco さん
品川駅からすぐの立地にもかかわらず緑が多く、とてもくつろげました。3つのプリンスホテルに囲まれた日本庭園も美しく、お散歩にぴったり。木立を渡る風が気持ちよかったです。ぜひ一度、桜の季節に泊まってみたいな。

たとえばこんな旅 ▶ 1泊2日

1日目	午前	東京 → 品川界隈を散策
	午後	お散歩をしながらホテルへ（ザ・プリンス さくらタワー東京泊）
2日目	午前	ホテル内でゆっくりくつろぐ
	午後	品川 → 東京着

桜をモチーフにした期間限定のスイーツも登場します！

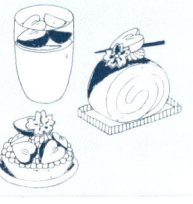

おすすめの季節
3月中旬 から 4月中旬

2月上旬からつぼみがふくらむ河津桜、3月下旬に見頃を迎えるソメイヨシノ、5月上旬に花が咲く深山桜など、19種類の桜が、次々と日本庭園を桜色に。ホテルも、期間限定のプランを用意している。

旅の予算
約4万円 から

ザ・プリンス さくらタワー東京の宿泊料金は、1泊約3万3000円〜（2名1室の1名分）。季節によりさまざまなプランやお得なプランもある。予約は公式サイトや電話で可能。

旅のポイント

桜が咲き誇る季節には「桜まつり」が開催され、ホテルもレストランも桜にちなんだ特別プランを用意するので、それを活用するのがおすすめ。桜が美しい日本庭園を散策したり、スパ ザ サクラやサウナ＆プロバスでゆっくりリフレッシュしたり……。桜はもちろん、シティホテル・ライフもしっかり堪能したい。

+α のお楽しみ

動物好きならエプソンアクアパーク品川やしながわ水族館、アートに興味があるなら東京都庭園美術館や畠山記念館、原美術館、歴史好きなら泉岳寺……。品川界隈には多様な施設が揃っているので、興味のある施設へ出かけてみよう。

客室のじゅうたんも 愛らしいさくら柄♡

日本庭園と満開の桜！ この季節だけ 一期一会

おまけネタ
ホテルから2kmほど南下した位置にある北品川3、4丁目の高台は御殿山と呼ばれ、江戸時代から桜と紅葉の名所として知られたところ。現在も居木橋の交差点近くの坂道などには、見事な桜並木が続く。歩いても20分ほどなので、お散歩気分で訪れてみては。

絶景 54　静岡県
日本平ホテル

神聖な頂を間近に感じて
日本のシンボルに誓う愛

絶景へのご案内

- 静岡県静岡市清水区馬走1500-2
- 054 335 1131
- http://www.ndhl.jp/

東京駅から新幹線ひかり号で約1時間、静岡駅で下車。南口からホテルの送迎バスに乗り、東海道本線東静岡駅を経由して約40分で到着する。静鉄バス（静岡日本平線）なら約35分、タクシーなら約25分だ。車の場合は、東名高速道路静岡ICから日本平パークウェイ経由で約30分、あるいは清水ICから清水日本平パークウェイ経由で約30分で、日本平の山頂に建つホテルに到着する。昼は富士山や南アルプスの眺めを、夜は清水・静岡の夜景が楽しめる。

窓に映る富士山はまるで絵のよう

おすすめ！ Kikuさん
2フロア吹き抜けの、床から天井までガラス張りのテラスラウンジは、圧巻。3月に行ったのですが、静岡の街並みや駿河湾の先に、運よく雪をかぶった富士山がよく見えて、とても感動しました。やっぱり富士山は美しいですね！

たとえばこんな旅 ▶ 1泊2日

1日目	午前	東京 → 新幹線 → 静岡 → ホテルの送迎バスで日本平ホテルへ
	午後	富士山の眺めを堪能（日本平ホテル泊）
2日目	午前	近隣を散策
	午後	静岡 → 新幹線 → 東京

街が一望できる日本平ツイン

お茶味のコーラは県民にも大人気！

おすすめの季節
通年
春の桜、夏の緑の茶畑、秋の紅葉と四季折々に楽しみがある。ホテルからの眺望も、冬は雪を頂いた富士山が美しい。富士登山に挑戦するなら、7月上旬から9月上旬までがシーズン。

旅の予算
約3万円から
日本平ホテルの宿泊料金（ルームチャージ付き）は2名1室1泊1万9008円〜。予約は公式サイトや電話で可能。

旅のポイント
ホテルが建つ日本平は標高307mの丘陵地で、日本観光地百選の第1位に輝いたこともある名勝地。まずは富士山を正面に望む開放的なテラスラウンジで、霊峰富士を眺めながらお茶を楽しもう。2012年にホテル内に誕生した、アメリカ・フロリダ生まれのスパ・ブランド「ペポニア・ボタニカ」で、非日常の時間を過ごすのもおすすめ。

+αのお楽しみ MORE FUN!

日本平からロープウェイに乗って、伊豆半島や御前崎を望む絶景を楽しみながら、徳川家康公を祀る久能山東照宮へ。国宝に指定された社殿を眺め、その歴史に思いをはせるのも一興。また、久能では昔から石垣イチゴの栽培が盛んで、12月から5月頃までならイチゴ狩りも楽しめる。

富士山を眺めながらアフタヌーン・ティーを

こんな絶景のなかにホテルは建っています！

おまけネタ　静岡県はお茶の名産地。ホテルから歩いて10分ほどの日本平お茶会館では、静岡産のお茶を各種取り揃えて販売しているほか、4月中旬から10月初旬までの間、富士山をバックに茶摘み体験ができる（有料）。10名以上で申し込むとお茶と茶葉の天ぷらが付く。

絶景 55　バーンズリー ハウス　　イギリス

イングランド中央部コッツウォルズにあるホテル。元は世界的に有名な園芸家のローズマリー・ヴェレイ夫人の邸宅で、見事なイングリッシュ・ガーデンが有名。広大な敷地に数多くの植物が育てられ、季節ごとにカラフルな花々が庭を彩る。宿泊者はもちろんレストランの利用のみでも庭の見学は可能。

絶景 56　ミルブルック リゾート　　ニュージーランド

ニュージーランド南島のクイーンズタウン郊外にある5つ星ホテル。ゴルフコースが有名で、全英オープンの優勝者ボブ・チャールズが設計したコースもある。四季折々に表情を変える自然豊かな景観も素晴らしく、夏にはラベンダーが咲き誇り、一面が爽やかな紫色に染まる。

絶景 55 イギリス
バーンズリー ハウス

満開の花々に囲まれて
みんなの笑顔も咲き誇る

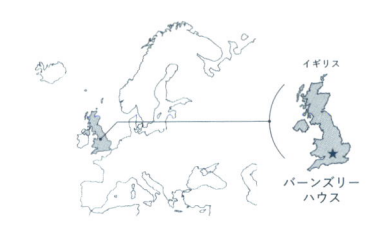

絶景への ご案内

- Barnsley, Cirencester, Gloucestershire, GL7 5EE, United Kingdom
- +44 1285 740000
- http://www.barnsleyhouse.com

羽田から直行便でロンドン・ヒースロー空港へ。車に乗り、高速道路M4経由で一路ロンドンの北西に位置する丘陵地帯・コッツウォルズを目指す。コッツウォルズは「世界で最も美しい村」と称賛される地域。バーンズリー村に入ると右側にバーンズリー ハウス&スパと記されたゲートが現れ、その先にハウスの建物が見えてくる。咲きこぼれる花々や必見のキングサリのアーチ「ラバーナムウォーク」の美しさに心が癒される。

白・ベージュが基調の上品なゲストルーム

おすすめ！ えりぴさん
泊まったお部屋はメゾネットタイプでした。とてもモダンで、居心地よかったです。次の日に早起きして、お部屋の中にあるバスタブに浸かりのんびり。リビングにいながら、お風呂に浸かれるなんて夢のよう♪

たとえばこんな旅 ▶ 2泊4日
- 1日目 羽田 → ロンドン → 車でコッツウォルズへ（バーンズリー ハウス泊）
- 2日目 自由行動・絵本のような美しい村を散策（バーンズリー ハウス泊）
- 3日目 車でロンドンへ → （機中泊）
- 4日目 羽田着

あたたかい暖炉にほっとひと息

はちみつはコッツウォルズ地方の名産品。

おすすめの季節
7月から9月

気候は比較的穏やかだが、年間を通じ雨も多い。7〜9月は雨が少なく、日照時間も長いので旅行するにはおすすめ。ただし朝晩は涼しく、日中との寒暖差があるので、羽織れるものを持っていくとよい。

旅の予算
約22万円から

バーンズリー ハウスの宿泊料金は1泊約3万6000円〜。予約は公式サイト（英文）より可能。

旅のポイント

ロンドンからバーンズリー ハウスのあるコッツウォルズ地方へは、バスや鉄道などの公共交通機関があまり整っていない。またエリアも広く、観光スポットの村なども点在しているので、レンタカーを借りて回るのもおすすめ。大手レンタカー会社は日本で予約も可能。

MORE FUN! +α のお楽しみ

本場でぜひとも体験したいのが、アフタヌーン・ティー。ハウス内にある「ポタジエレストラン」で毎日15〜17時の間に楽しめる。フィンガーサンドイッチ、スコーン、ケーキに紅茶またはコーヒーの付きのアフタヌーン・ティーや、シャンパンが付いたシャンパンティーも楽しめる。

ガーデンを見ながらティータイム♪

アフタヌーン・ティーは下のお皿から上へ向かって、が正式な食べ方。

おまけネタ バーンズリー ハウスから車で約45分南下すると、映画『ハリー・ポッター』のロケ地レイコックに到着する。レイコックは町全体が、歴史的建築物の保護団体・ナショナルトラストの管理下にある。町のシンボルである13世紀建立のレイコック修道院や、古い町並みが映画の舞台となっている。

絶景 56　ニュージーランド
ミルブルック リゾート

紫色の応援を背に受けて
目指せ！ホール イン ワン

ゆっくりくつろげそうな
落ち着いた客室

**絶景への
ご案内**

- Malaghans Road, Arrowtown 9348, Queenstown, New Zealand
- +64 3 441 7000
- http://www.millbrook.co.nz/jp/

ニュージーランド南島のクイーンズタウン国際空港から、ホテルのシャトルバス（要予約、有料）で約15分。6号を経由して丘陵地を進み、左手にヘイズ湖が見えてきたら、まもなく金鉱の街として名をはせたアロータウンだ。こ こからは、5分ほどで美しいサザンアルプスに囲まれたミルブルック リゾートの入口に到着する。個人の邸宅のようなヴィラタイプ、コテージタイプの客室が点在するリゾートは、まるでそれ自体がひとつの街のようだ。

**おすすめ！
Rikiyaさん**
クリントン元米大統領もここにプライベートで来られるほど、ほんとうに素敵なリゾート。これを「リゾート」と言うんだなと、改めて実感できるところ。

たとえばこんな旅 ▶ 3泊6日

1日目	成田 →（機中泊）
2日目	シドニー乗り継ぎ → クイーンズタウン → 車でアロータウンへ（ミルブルック リゾート泊）
3日目	アクティビティを楽しむ（ミルブルック リゾート泊）
4日目	アロータウン → クイーンズタウンで自由行動・街を散策（クイーンズタウン泊）
5日目	クイーンズタウン → シドニー乗り継ぎ →（機中泊）
6日目	成田着

ゴルフ場にある、その名も
「ホールインワン カフェ」

おすすめの季節
11月から3月
ニュージーランドは南半球なので、日本の初冬から初春の11～3月が夏にあたり、観光のベストシーズン。ただ、夏といっても朝晩の気温差が大きいので、薄手のジャケットなどは必ず持っていこう。

旅の予算
約19万円から
ミルブルック リゾートの宿泊料金は1泊約1万8000円～。予約は公式サイト（日本語）より可能。クイーンズタウンのホテルの宿泊料金は1泊約1万円～。

旅のポイント
最高の絶景を誇るコースと充実した設備で、ゴルフリゾートとして名高い。約2km²にもおよぶ敷地内は95%がオープンスペースで、歩道や自転車道路も整備されているので、散歩やサイクリングなども楽しみたい。ゴルフのプレー料金やレストランの食事代などがセットになった、お得なパッケージプランもある。

大自然のなかで
サイクリング♪

クイーンズタウンは
バンジージャンプ
発祥の地です！

+αのお楽しみ
ミルブルック リゾートから車で約5分のアロータウンは、1860年代のゴールドラッシュ時代の面影を残す町。洗練されたレストランやカフェ、美術館、ブティックなどが軒を連ね、とりわけ紅葉の季節は美しい。歴史を感じさせる建物を見ながら、のんびり町歩きするのもおすすめだ。

おまけネタ　空港のあるクイーンズタウンは、ガラスのような湖面が特徴のワカティブ湖畔に位置する町。「女王にふさわしい」と賞賛され、町名の由来となった美しい景観はもちろん、バンジージャンプやパラグライディングなどアドベンチャーアクティビティが楽しめることでも有名だ。

絶景 57　フェアモント トランブラン　　カナダ

カナダ東部ケベック州、ローレンシャン高原にあるフェアモントグループのホテル。ローレンシャン高原は紅葉で有名なメープル街道の一部で、秋になるとホテルを囲う山々が真っ赤に染まる。冬季には雪に包まれ、ホテル正面がリフト乗り場というロケーションからスキーリゾートとして人気を集める。

絶景 57 カナダ
フェアモント トランブラン

24時間紅葉に包まれて
その美しさを全身で感じたい

絶景へのご案内

3045 Chemin de la Chapelle Mont Tremblant Quebec, Canada
+ 1 819 681 7000
http://www.fairmont.jp/tremblant/

モントリオールの空港からホテルまでは便利なレンタカーがおすすめ。空港からハイウエイを乗り継ぎ、北西の方向に1時間半ほど進むと、山の麓にたたずむフェアモント トランブランに到着する。モントリオールとホテルまでの道のりの途中にあるサンソベールは観光地としてにぎわっており、立ち寄って一休みしても楽しい。なお、冬季のスキーシーズンには空港からホテルのあるリゾート地・モントランブランまで、有料のシャトルバスも出ている。

ローレンシャン随一の高級リゾート

ファイヤープレイスのあるロビー

行きたい！
詩歩
このシリーズ第一弾では「メープル街道(カナダ)」として紹介した絶景が、ホテルとタッグを組んで再登場。紅葉の時期の街道沿いは大混雑するそうなので、ホテルからゆっくり楽しむ時間もほしいですね。

たとえばこんな旅 ▶ 4泊6日

- 1日目 　成田 → カナダ国内で乗り換え → モントリオール(モントリオール泊)
- 2日目 　モントリオール → 車でモントランブランへ (フェアモント トランブラン泊)
- 3日目 　自由行動・トランブラン湖のクルージングなどアクティビティを満喫(フェアモント トランブラン泊)
- 4日目 　モントランブラン → モントリオール(モントリオール泊)
- 5日目 　モントリオール → カナダ国内で乗り換え → (機内泊)
- 6日目 　成田着

おすすめの季節

7月から3月

紅葉は、例年9月下旬に見頃を迎える。標高が高い地域のため7〜8月でも気温は13〜27℃程度で過ごしやすい。秋から冬にかけては最低気温が氷点下になることも珍しくないので防寒はしっかりと。

旅の予算

約23万円から

フェアモント トランブランの宿泊料金は、1泊約2万5000円〜。予約は公式サイト(日本語)や日本のセールスオフィスより可能。モントリオールの宿泊料金は、1泊約8000円〜。

旅のポイント

夏は避暑、9月から10月中旬にかけては紅葉、11月から4月上旬まではスキーなどのウインタースポーツで、ほぼ年間を通して観光に適している。またトランブラン湖や自然豊かな山へのハイキングなど、ホテル周辺でのレクリエーションも目白押し。

ヨーロッパ風の町並みが美しいモン トランブラン

+α のお楽しみ

ホテルから車でほんの数分南下すると、ヨーロッパ風の町並みが美しい、モン トランブラン ビレッジがある。ビストロやレストラン、ブティックなどのショップが連なり、観光客にも人気のスポットとなっている。ナイトクラブやカジノもあり夜遊びもできる。

ホテルのすぐ前はゲレンデ、スキーヤーで大にぎわい

おまけネタ ホテル周辺のローレンシャン地方は、冬場のスキーリゾートとしても名高い。13あるスキーリゾートの中でも、95のコースを擁するモン トランブランは人気。フェアモント トランブランでも、ホテルの正面にリフト乗り場があり、スキーを楽しむには最高のロケーションだ。

絶景 58　新潟県
赤倉観光ホテル

移りゆく空の色と雲の海
わたしがいるのは絵の中？

山々を眺めながら
温泉につかって
極楽！極楽！

絶景への ご案内

- 新潟県妙高市田切216
- 0255 87 2501
- http://www.akr-hotel.com/

東京駅から新幹線、しなの鉄道を乗り継いで妙高高原駅までは約2時間30分。駅から予約制の無料送迎バスに乗ると、10分ほどでホテルに到着する。車なら、東京（練馬IC）から関越道、上信越道を経由して約2時間50分。妙高高原ICから国道18号などを経由して走ること約10分。妙高山を背景に、赤い屋根が印象的なホテルの建物が姿を現す。ロビーの大きな窓からは斑尾山や野尻湖を一望。運が良ければ、ここからも壮大な雲海を見ることができる。

おすすめ！ しまさん
広々した景色を見ていると、疲れや不安が飛んでいくのを感じました。湯船の向こうの水盤に雲が映るのを眺めるのもまた楽しく、時間を忘れてしまいます。

たとえばこんな旅 ▶ 1泊2日
- 1日目　午前　東京 → 新幹線 → 長野で乗り継ぎ
　　　　午後　　→ 妙高高原 → ホテルの送迎バス（赤倉観光ホテル泊）
- 2日目　午前　近隣を散策、スキー → 妙高高原 → 新幹線 → 東京

広々とした客室で、ゆったりくつろげる

東京からも
ラクラクアクセス

おすすめの季節
通年
春夏は緑深い山々の風景や草花、秋は紅葉、冬は雪景色と、四季折々に楽しみがある。気象条件にもよるが、雲海は6～7月、11月によく見られるといわれる。12月下旬〜3月はスキーシーズン。

旅の予算
約5万円から
赤倉観光ホテルの宿泊料金（夕朝食付き）は約2万4000円〜。予約は公式サイトや電話で可能。

旅のポイント
夏場なら、妙高高原スカイケーブルに乗って標高1300mの山頂駅まで上るのがおすすめ。山頂駅からは空気が澄んでいれば志賀高原まで一望できるほか、ブナの原生林をたどるトレッキングも楽しめる。冬場なら、ホテルの目の前に広がる赤倉観光リゾートスキー場でスキーやスノーボードを。

+α のお楽しみ
ホテルから車で10分ほどのいもり池からは、妙高山を望める。春は水芭蕉の群生地として、秋は紅葉スポットとして人気が高い。のんびりしたい人は、絶景を眺めながら、効能豊かな赤倉温泉の源泉かけ流しの露天風呂でくつろぐのもおすすめだ。

山麓駅から山頂駅まで
約11分の空中散歩

いもり池では
水芭蕉の
群生も

おまけネタ　ホテルから望むことができる斑尾高原。そのビジターセンター「山の家」では、スノーシューを履いて森を散策するツアー（有料）を開催している。手軽に楽しめる半日ツアーや夜空がきれいなナイトツアーなど、バリエーションも豊富。冬ならではの遊びを満喫しよう。

絶景 58　赤倉観光ホテル　新潟県

新潟と長野の県境、妙高山の標高1000m地点にある、老舗リゾートホテル。6〜7月、11月は雲海の発生率が高く、新館最上階にある「アクアテラス」や温泉などから、眼下に広がる絶景を堪能できる。1937年に創業した高原リゾートの草分け的存在で、昭和天皇・皇后両陛下が滞在されたこともある。

さくいん

あ

赤倉観光ホテル　新潟県 ——— p152
アシュタルテ スイーツ　ギリシャ ——— p044
アシュフォード キャッスル　アイルランド ——— p049
アナンタラ カスール アル サラブ デザート リゾート
　　　アラブ首長国連邦 ——— p068
アナンタラ ゴールデン トライアングル リゾート＆スパ
　　　タイ ——— p032
アルト アタカマ デザート ロッジ＆スパ　チリ ——— p065
アンサナ イフル　モルディブ ——— p016
アンドビヨンド ソススフレイ デザート ロッジ
　　　ナミビア ——— p020
アンドロニス ラグジュアリー スイーツ
　　　ギリシャ ——— p021
アン ラム ニン ヴァン ベイ ヴィラズ
　　　ベトナム ——— p033
イター アンダーシー レストラン　モルディブ ——— p116
インターコンチネンタル香港
　　　中華人民共和国 ——— p104
インディアン パシフィック　オーストラリア ——— p060
ヴァイスロイ・バリ　インドネシア ——— p124
エルキ ドモス　チリ ——— p092
オステリア ペオエ　チリ ——— p093

か

カスバ タマドット　モロッコ ——— p040
グランド ハイアット 上海　中華人民共和国 ——— p109
クレーター レイク ロッジ　アメリカ ——— p072

さ

ザ・ウィンザーホテル洞爺リゾート＆スパ
　　　北海道 ——— p136
ザ・カンブリアン　スイス ——— p132
ザ・サグアロ パーム スプリングス　アメリカ ——— p120
ザ・プリンス さくらタワー東京　東京都 ——— p140
サンクルーズ リゾート アンド ヨット　韓国 ——— p108
ジェイド スクリーン タワー ホテル(黄山玉屏楼賓館)
　　　中華人民共和国 ——— p100
シャングリ・ラ ホテル パリ　フランス ——— p112
ジラフ マナー　ケニア ——— p028
杉乃井ホテル　大分県 ——— p137
青蔵鉄道　中華人民共和国／チベット ——— p061
セント レジス プリンスヴィル リゾート
　　　アメリカ ——— p121
セント レジス ボラボラ リゾート
　　　フランス領ポリネシアボラボラ島 ——— p008
ソネバ キリ　タイ ——— p036

た

タージ レイク パレス　インド ——— p056
ダウンタウン　メキシコ ——— p129
チューゲン グランド ホテル　スイス ——— p077
ツリーホテル　スウェーデン ——— p076
デインツリー エコロッジ＆スパ
　　　オーストラリア ——— p037
デドン アイランド　フィリピン ——— p013

な

日本平ホテル　静岡県 ——— p141

※本書のデータは、基本的に2014年11月〜2015年3月のものです。
　諸事情により変更になっている場合があります。実際に旅行する際は、最新情報を現地にご確認ください。
※宿泊料金は特別な記載がなければ、1室あたりの最低価格の目安を表示しています。
　時期やレートにより変動もございますのでご了承ください。
※本書の所要時間・費用・アクセスは目安です。状況に応じて変わる場合があります。
　交通費などは、基本的に大人1名の料金を表示しています。
※掲載情報による損失などの責任は負いかねますので、あらかじめご了承ください。

は

バーンズリー ハウス　イギリス ── p144
フェアモント トランブラン　カナダ ── p148
フォーシーズンズ ホテル フィレンツェ
　　　　イタリア ── p041
フッティルーテン・フラム号の南極クルーズ
　　　　南極 ── p085
プレンディパルテの塔　イタリア ── p128
ベルクガストハウス エッシャー　スイス ── p096
ベルモンド ホテル ダス カタラタス　ブラジル ── p048
星のや軽井沢　長野県 ── p125
ホテル ドゥ グレース　カナダ ── p084
ホテル ランガ　アイスランド ── p088

ま

マリーナ ベイ サンズ　シンガポール ── p053
ミュージアム ホテル　トルコ ── p064
ミルブルック リゾート　ニュージーランド ── p145
メナ ハウス ホテル　エジプト ── p017

ら

ラヤバディ　タイ ── p012
レ シレヌーゼ　イタリア ── p113
ロイサバ ウィルダネス　ケニア ── p024

わ

ワンダーレイク キャンプグラウンド
　　　　アメリカ ── p097

英字

W リトリート コー サムイ　タイ ── p052

コラム

わたしが行った世界の絶景
イタリア・ランペドゥーザ島 ── p011

わたしが行った絶景ホテル
① ルーカス ホテル
　（ギリシャ／サントリーニ島）── p047
② ヘリタンス カンダラマ(スリランカ) ── p059
③ ルナ サラダ(ボリビア／ウユニ塩湖) ── p091
④ バガン ホテル リバービュー(ミャンマー) ── p119
⑤ 百楽荘(石川県) ── p135

死ぬまでに行きたい！世界の絶景ホテルMAP ── p026
絶景ホテル　ベストシーズンカレンダー ── p070
詩歩の絶景TRIP　軽井沢編 ── p080
タイプ別　絶景ホテルランキング ── p102

今日はどんな夢が見れるかな

Photo by Shiho

写真提供
セントレジス ボラボラ リゾート〈p8〜10〉
ザ・リーディングホテルズ・
　オブ・ザ・ワールド〈p12、14、49、51〉
DEDON ISLAND／アフロ〈p13、15〉
Sakis Papadopoulos／アフロ〈カバー表、p16〉
Angsana Ihuru／アフロ〈p18〉
MENA HOUSE HOTEL／アフロ〈p17、19〉
Sossusvlei Desert Lodge／アフロ〈p20、22〉
Andronis Luxury Suites／アフロ〈p21、23〉
Loisaba Wilderness／アフロ〈p24〜25、30〉
Giraffe-Manor／アフロ〈p28〜29、31〉
Anantara Golden Triangle Elephant
　Camp and Resort／アフロ〈p32、34〉
An Lam Beach Villa／アフロ〈p33、35〉
SONEVA KIRI／アフロ〈p36、38〉
Daintree Eco Lodge & Spa／アフロ〈p37、39〉
Kasbah Tamadot／アフロ〈p40、42〉
フォーシーズンズ ホテル フィレンツェ〈p41、43〉

Astarte Suites Hotel／アフロ〈p44〜46〉
Belmond Hotel das Cataratas／アフロ〈p48、50〉
W Retreat Koh Samui／アフロ〈p52、54〉
SIME／アフロ〈p53〉
Michele Falzone／ゲッティイメージズ〈p56〜57〉
Indian Pacific／アフロ〈p60、62〉
Imaginechina／アフロ〈p61〉
Museum Hotel／アフロ〈p64、66〉
Hotel Alto Atacama
　Desert Lodge & Spa／アフロ〈p65、67〉
Anantara Qasr Al Sarab
　Desert Resort／アフロ〈p68〜69、74〉
Marcelo Castro／アフロ〈p72〜73〉
Mauro Puccini／アフロ〈p76〉
Tschuggen Grand Hotel／アフロ〈p77、79〉
Newscom／アフロ〈p84〉
フォティルーテン・ジャパン〈p85、87〉
Paul Telford／アフロ〈p88〜89〉
Hotel Ranga／アフロ〈p90〉

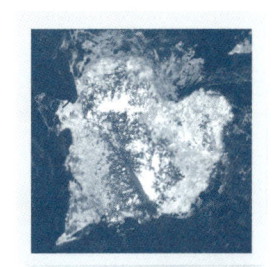

JAMES FLORIO／アフロ〈p92〉
Elqui Domos／アフロ〈p94〉
Jose Fuste Raga／アフロ〈p93〉
Alamy／アフロ〈p96〉
First Light Associated Photographers／アフロ〈p97〉
GoWild Images／アフロ〈p100～101〉
INTERCONTINENTAL HONG KONG〈p104～105、107〉
Sun cruise resort & yacht／アフロ〈p108、110〉
F1online／アフロ〈p109〉
グランド ハイアット 上海〈p111〉
Shangri-La Hotel Paris／アフロ〈p112、114〉
Le Sirenuse／アフロ〈p113、115〉
Barcroft Media／アフロ〈p116～117〉
The Saguaro Palm Springs／アフロ〈p120、122〉
The St. Regis Princeville Resort／アフロ〈p121、123〉
ヴァイスロイ・バリ〈p124、126〉
星野リゾート〈p125、127〉
Torre Prendiparte／アフロ〈p128、130〉
Mexico Downtown／アフロ〈p129〉

Small Luxury Hotels of the World〈p131〉
The Cambrian／アフロ〈p132～134〉
田中正秋／アフロ〈p136〉
ザ・ウィンザーホテル洞爺リゾート＆スパ〈p138〉
杉乃井ホテル〈p137、139〉
ザ・プリンス さくらタワー東京〈p140、142〉
日本平ホテル〈p141、143〉
Barnsley House／アフロ〈p144、146〉
Millbrook Resort／アフロ〈p145、147〉
Fairmont Tremblant／アフロ〈p148～150〉
桜井大樹(赤倉観光ホテル)〈p151～153〉
古見きゅう／アフロ(カバー裏)
Pixabay
PIXTA

取材協力
星野リゾート

Profile

詩歩（Shiho）
「死ぬまでに行きたい！世界の絶景」プロデューサー

1990年生まれ。静岡県出身。早稲田大学卒。
2012年、新卒入社した会社の研修で作成したFacebookページ「死ぬまでに行きたい！世界の絶景」(https://www.facebook.com/sekainozekkei)が70万以上のいいね！を獲得。2013年8月に同名書籍化し、Amazon総合ランキング1位、オリコン2014年度写真集ランキング1位を獲得するなど話題に。2014年7月に2作目となる「死ぬまでに行きたい！世界の絶景 日本編」を出版。こちらもヒットを博し、"絶景"というワードは2014年のユーキャン・流行語大賞にもノミネートされるほどのブームとなった。現在はフリーランスで活動し、旅行商品のプロデュースや講演活動、企業とのタイアップなどを行っている。

Official Blog　http://shiho.me
twitter　　　　https://twitter.com/shiho_zekkei
Instagram　　 https://instagram.com/shih0107/

死ぬまでに行きたい！世界の絶景　ホテル編

2015年4月25日　発行

著　　者	詩歩
発　行　人	塩見正孝
発　行　所	株式会社三才ブックス
	〒101-0041
	東京都千代田区神田須田町2-6-5
	OS85ビル3F & 4F
	電話 03-3255-7995（代表）
	FAX 03-5298-3520

印刷・製本　　株式会社山田写真製版所
プリンティングディレクター
　　　　　　　村田治作（株式会社山田写真製版所）
協　　　力　　板倉利樹（株式会社山田写真製版所）
デ ザ イ ン　　平塚兼右、平塚恵美（PiDEZA Inc.）
本 文 組 版　　矢口なな、鈴木みの理、謝明哲（PiDEZA Inc.）
イラストレーション
　　　　　　　長谷愛美
撮影（表紙、p80-83）
　　　　　　　川しまゆうこ
編　　　集　　野田りえ、山内章子、木村由香里

Special Thanks
　　　Facebookページ「死ぬまでに行きたい！世界の絶景」のファンのみなさま
　　　ルックJTB　絶景プロジェクト
　　　Madoka Iwasaki
　　　「おすすめ！」のコメントを寄せてくださったみなさま

ISBN978-4-86199-782-2 C0026

本書の無断複写は、著作権法上の例外を除いて禁じられております。
定価はカバーに表記してあります。
乱丁本、落丁本につきましては、お手数ですが弊社販売部までお送りください。
送料弊社負担にてお取り替えいたします

©Shiho 2015 Printed in Japan